Realschule Enger
Lernkompetenz III
Bausteine für
kooperatives und
kommunikatives Lernen
5. bis 9. Schuljahr

Realschule Enger

Lernkompetenz III

Bausteine für
kooperatives und
kommunikatives Lernen
5. bis 9. Schuljahr

Mit CD-ROM

Cornelsen
SCRIPTOR

Cornelsen online http://www.cornelsen.de

Bibliografische Information: Die Deutsche Bibliothek verzeichnet diese Publikation in der Deutschen Nationalbibliografie; detaillierte bibliografische Daten sind im Internet über http://dnb.ddb.de abrufbar.

Dieses Werk berücksichtigt die Regeln der reformierten Rechtschreibung und Zeichensetzung.

4.	3.	2.	1.	Die letzten Ziffern bezeichnen
08	07	06	05	Zahl und Jahr der Auflage.

Redaktion: Gabriele Teubner-Nicolai, Berlin
Reihenlayout: Julia Walch, Bad Soden
Layout und Satz: Beate Schubert, Berlin
Zeichnungen: Dorina Teßmann, Berlin
Umschlaggestaltung: Bauer + Möhring, Berlin,
unter Verwendung einer Zeichnung von Klaus Puth, Mühlheim
Druck und Bindearbeiten: Clausen & Bosse, Leck
Printed in Germany
ISBN 3-589-22121-6
Bestellnummer 221216

Gedruckt auf säurefreiem Papier, umweltschonend hergestellt aus chlorfrei gebleichten Faserstoffen.

Inhalt

Jahrgangsstufe 6

Jahrgangsstufe 7

Jahrgangsstufe 8

Jahrgangsstufe 9

Vorwort

Als wir im Jahr 2001 „Lernkompetenz 1 und 2“ veröffentlichten, war dies eine Reaktion auf viele Anfragen. Sie kamen von Schulen bzw. Kolleginnen und Kollegen, die bei Besuchen an der Realschule Enger, auf Fortbildungsveranstaltungen oder Vorträgen Einblicke sowohl in das Gesamtkonzept zur Entwicklung von Lernkompetenz als auch in die Arbeitsmaterialien erhalten hatten. Über die positive deutschlandweite Resonanz nach der Veröffentlichung der Materialien waren wir selbst überrascht.
Seit dieser Zeit sind wir nicht untätig geblieben. Schulintern haben wir unsere bisherigen Bausteine mehrfach evaluiert und – wie wir hoffen – optimiert. Gleichzeitig haben wir die Anregungen von Kollegen, die mit unseren Materialien arbeiten, aufgegriffen und in die Überarbeitung des Curriculums aufgenommen. An dieser Stelle bedanken wir uns herzlich für die vielen guten Tipps, Vorschläge und Hinweise.
Der Schwerpunkt der ersten beiden Bände des Curriculums liegt in erster Linie im lernmethodischen Bereich. Dennoch sind systematisch Elemente von Kommunikations- und Kooperationstraining in die einzelnen Bausteine integriert worden. Doch uns wurde klar, dass zur Förderung dieser beiden Dimensionen eine gezielte und umfangreichere Vermittlung notwendig war. Die positiven Erfahrungen, die wir mit dem Ansatz von Johnson/Johnson bzw. Kagan zum Thema „Kooperatives Lernen“ gemacht haben, vor allem mit den vielfältigen methodischen Ansätzen, haben uns überzeugt, hier einen praktikablen und effektiven Weg gefunden zu haben. Er unterstützt nicht nur die Förderung der Teamfähigkeit sondern ebenso die Entwicklung und den Ausbau von Sozialkompetenz. Die im Curriculum aufgeführten kooperativen Lernformen sind in nahezu allen Unterrichtsfächern anwendbar. Aus diesem Grund sind sie in die Kompetenz-Bausteine eingearbeitet. Sie sind Inhalt und zugleich implizit Teil des Vermittlungs- und Erarbeitungsprozesses. Diese Einbindung in die Bausteine und damit in das Gesamtkonzept sichert eine systematische Einführung in kooperatives Lernen und gewährleistet eine anschließende Pflege im Rahmen des Unterrichts.

Im Namen des Kollegiums der Realschule Enger
Joachim Blombach
Enger, im Juli 2004

Curriculum Lernkompetenz Realschule Enger

	Septem-ber	Oktober	November	Dezember	Januar	Februar	März/April	Mai/Juni	Kooperative Lernformen
10. Kl.									A-B-Methode Ausstellung Doppelstuhlkreis Galeriegang Graffiti Gruppenpuzzle Gruppenralleye Marktplatz Murmelgruppen Numbered-Heads-Together One Stay, Three stray Partnercheck Placement Think-Pair-Share Trade-A-Problem Verabredung Vier Ecken
9. Kl.	Wieder-holungs-zyklus	Mind-Mapping III	Projekt-arbeit	Argumen-tation III *Stammtisch-parolen*		Bewerber-training			
8. Kl.	Wieder-holungs-zyklus	Präsen-tations-techniken I	Präsen-tations-techniken II	Argumen-tation I *Basics*	Zeit-planung	Argumen-tation II *Fünfsatz*	Selbstüber-prüfung		
7. Kl.	Wieder-holungs-zyklus	Notizen	Informa-tionsbe-schaffung	Einfach reden und zuhören!?	Visualisie-rungs-techniken	Sprechen, sehen, hören = verstehen!	Brain-storming	Gruppen-arbeit III	
6. Kl.	Wieder-holungs-zyklus	Lese-techniken	Markieren/ Struktu-rieren	Mündliche Mitarbeit II	Klassen-arbeiten	Präsentation *Anfänger*	Mind-Mapping II	Arbeit mit Nachschla-gewerken	
5. Kl.	Metho-den Ein-führungs-woche	Mündliche Mitarbeit I	Hausauf-gaben	Mind-Mapping I	Gruppen-arbeit I	Effektiv lernen I	Gruppen-arbeit II	Effektiv lernen II	

Bausteine zur Förderung der Methodenkompetenz

Bausteine zur Förderung der Kooperationskompetenz

Bausteine zur Förderung der Kommunikationskompetenz

AUS DER PRAXIS – FÜR DIE PRAXIS

Joachim Blombach

Das vorliegende Buch ist das Ergebnis eines seit vielen Jahren entwickelten und erprobten Konzeptes zur systematischen Unterrichtsentwicklung und damit zur Implementierung eines Konzeptes zur Förderung von Lernkompetenz bei Schülern an der Realschule Enger. Wir verstehen es als eine Weitergabe von Erfahrungen, Vorschlägen und Materialien an Kolleginnen und Kollegen, die das Rad nicht noch einmal selbst erfinden wollen.
Das Material wird seit einigen Jahren an der Realschule Enger mit viel Erfolg eingesetzt. Dabei ist es intensiv auf seine Anwendbarkeit erprobt, z. T. verändert sowie in seiner Effektivität in unterschiedlicher Form bis zu seiner nun endgültig vorliegenden Fassung evaluiert worden. Seit längerer Zeit wird es im Rahmen von Lehrerfortbildung auch von weiteren Schulen erfolgreich eingesetzt.
Das Curriculum ist einerseits entstanden aus dem Versuch, eine für die Zukunft so wichtige Basisqualifikation wie „Lernkompetenz" im Schulalltag zum festen Bestandteil unseres Schulprogramms werden zu lassen. Da sich die Schule seit 1995 in Aufbau befand und deshalb jedes Jahr 6 bis 7 neue Kolleginnen und Kollegen zum Team stießen, mussten andererseits Wege überlegt werden, wie auch die „Neuen" die Inhalte der Bausteine kennen lernen konnten. Dies sollte ohne hohe zusätzliche Belastung für alle Kollegen geschehen. Darüber hinaus entwickelte sich das Curriculum auch aus der Erkenntnis, dass nur eine Festschreibung und ein gemeinsam ausgerichtetes Handeln dauerhaften Erfolg sicherstellt.

Warum das *lebenslange Lernen* so wichtig geworden ist

Die Diskussion um Lernkompetenz begann spätestens Anfang der 90er-Jahre mit dem Inkrafttreten neuer Richtlinien und Lehrpläne in fast sämtlichen Bundesländern. Lehrer – wegen der besseren Lesbarkeit verwenden

wir nur die männliche Schreibweise, deshalb auch nur Schüler – sollen Inhalte verstärkt in offenen Unterrichtsformen wie projekt- und produktorientierten Ansätzen, in Form von Freiarbeit oder dem Lernen an Stationen oder komplexen Aufgaben vermitteln, um die Schüler auf diese Weise zu selbst gesteuertem und lebenslangem Lernen zu führen. All diese Ansätze setzen einen hohen Grad an Selbstständigkeit, die Fähigkeit, miteinander zu kooperieren und zu kommunizieren, sowie eine Vielzahl an Methoden und Techniken bei den Lernenden voraus.
Die Entwicklung solcher Fähigkeiten kann jedoch nicht nur Aufgabe eines einzelnen Faches sein geschweige denn von ihm geleistet werden, sondern muss zu einem Schwerpunkt eines fächerübergreifenden Konzeptes einer jeden Schule werden.
Als wichtiges Argument der Bildungsreformer für diese neue Akzentuierung von Bildungsinhalten wird u. a. der permanente Wandel in einer modernen Leistungsgesellschaft angeführt, die durch Globalisierung und Liberalisierung der Arbeitsmärkte immer stärker geprägt wird. Ebenso wird auf Flexibilität und die Anpassungsfähigkeit des Einzelnen verwiesen, deren Beherrschung eine wesentliche Grundlage für die Lebensbewältigung in einer sich immer schneller verändernden Welt sein wird. Am deutlichsten wird dieser sich immer dynamischer entwickelnde Wandel im Berufsleben.
In den Anforderungsprofilen vieler Unternehmen stehen neben der selbstverständlichen (!) Beherrschung schulischer Standardqualifikationen in den Fächern Deutsch, Mathematik und Englisch vor allem Schlüsselqualifikationen wie Kommunikationsfähigkeit, Teamfähigkeit und selbstständiges Lernen häufig an oberster Stelle, einhergehend mit Lern- und Leistungsbereitschaft. Unternehmen verweisen jedoch gerade hier auf große Defizite. In einer Veröffentlichung in der ZEIT vom 15. Juli 1999 steht „Selbstständiges Lernen“ mit 41,4 % an zweiter Stelle auf der Defizitskala.
Warum findet die Vermittlung von Lernkompetenz nur zögerlich statt? Hier gibt es mehrere Gründe:

1. Lebenslanges Lernen ist für viele Kollegen weder in ihrem Studium noch in der zweiten Ausbildungsphase (bis heute) Lerngegenstand.
2. Die Inhalte zur Entwicklung von Lernkompetenz sind zwar vielen Lehrern mittlerweile zumindest in groben Zügen bekannt, jedoch gibt es kaum erprobte und praktikable Handlungskonzepte, die sich ohne großen Aufwand in Schule und Unterricht implementieren lassen.
3. Es ist nicht damit getan, dass einzelne Fachlehrer Lernkompetenz in

ihrem Unterricht aufgreifen. Vielmehr verlangt eine systematische Entwicklung einen fachbereichsübergreifenden Ansatz, der letztlich alle an Schule Beteiligten mit einbezieht.

Was ist Lernkompetenz?

Lernkompetenz umfasst die Teil-Dimensionen Sach- und Methodenkompetenz und Sozialkompetenz (die sich in unserem Ansatz aufteilt in Kooperations- und Kommunikationskompetenz) sowie Selbstkompetenz (hier im Bereich der regelmäßigen Reflexion über die Lernprozesse und -ergebnisse). Lernkompetenz wird jedoch nicht durch ein bloßes Verknüpfen der unterschiedlichen Teilkompetenzen erreicht, sondern es benötigt als wesentliche Grundlage die Fähigkeit zur Reflexion der eigenen Lernprozesse und -ergebnisse. Damit ist das selbstreflektierende Lernen – also das Nach-denken über das eigene Lernen bzw. die Fähigkeit zur Selbsteinschätzung – ein weiterer grundlegender Bestandteil zur Förderung von Lernkompetenz.

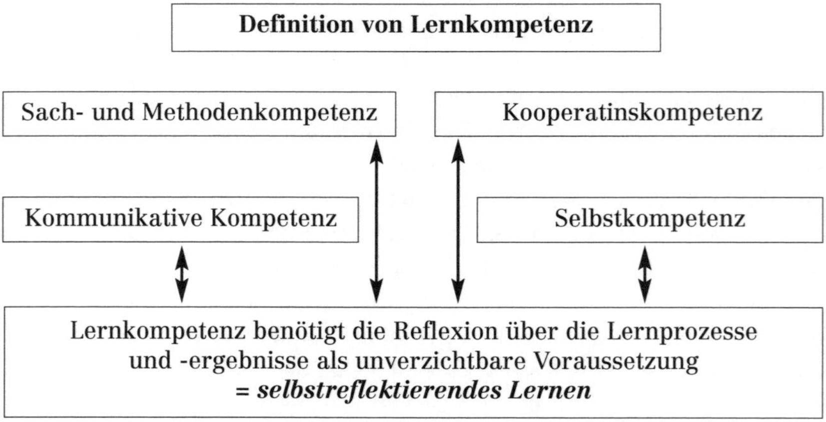

Die Entwicklung eines schulinternen Curriculums

Die Frage nach dem „Wie“ der systematischen Umsetzung des neuen Arbeitsbereiches in einer Schule lässt viele Bemühungen scheitern. Hier genau setzt die Arbeit unserer Schule und damit das Angebot dieses Buches an. Nach Aufbereitung der Inhalte zur „Entwicklung von Lernkompetenz“ bestand ein wesentlicher Schwerpunkt unserer Arbeit in der Implementierung eines praktikablen und leicht umsetzbaren Systems. Eine an der Schule gebildete Arbeitsgruppe hatte entsprechende Kriterien definiert, die dem (schulinternen) Curriculum genügen müssen. Das heißt, der Ansatz

- ist **systematisch** (sowohl in der zeitlichen Abfolge als auch im inhaltlichen Aufbau (vom Leichten zum Schweren, vom Einfachen zum Komplexen), indem ausgearbeitete **Themenbausteine** an sog. Schwerpunkttagen entsprechend vermittelt werden (vgl. Abbildung S. 22 f.).
- folgt **lernbiologischen und -psychologischen Prinzipien** (altersgemäße Inhalte, Vermittlung in kleinen Portionen, gehirngerechtes Lernen, ständiges Wiederholen und Vertiefen)
- ist **spiralcurricular** aufgebaut (es wird sichergestellt, dass die Inhalte im Laufe eines Schuljahrs und jeweils von Schuljahr zu Schuljahr systematisch wiederholt und vertieft werden)
- ist **leicht praktikabel** (keine langen Einarbeitungszeiten, leichte Umsetzbarkeit)
- ist **fächerübergreifend** und **integrativ** (die Methoden lassen sich auf die einzelnen Fächer übertragen)
- ist **handlungsorientiert** (Schüler lernen durch eigenes Handeln)
- ist **erfahrungsorientiert** (Schüler erkennen und verstehen bestimmte lernpsychologische und -biologische Abläufe und Zusammenhänge durch eigenes Tun und Experimentieren)
- integriert unterschiedlichste Formen selbstreflektierenden Lernens als grundlegendes Lernprinzip
- ist für alle Lehrer der Schule **verbindlich**
- beinhaltet somit **Verantwortlichkeit** (die Umsetzung bleibt nicht dem Zufall überlassen, sondern liegt in der Verantwortung eines Lehrers)

Wie wird das Konzept an der Realschule Enger praktisch umgesetzt?

Die einzelnen Bausteine werden unmittelbar in Klasse 5 beginnend über das Schuljahr und die Klassenstufen verteilt eingeführt, geübt und angewandt (= **systematisch**). Durch die auch von allen Mitwirkungsgremien (Lehrerkonferenz, Schülervertretung, Schulpflegschaft und Schulkonferenz) bestätigte schulinterne curriculare Festschreibung dieser Inhalte wird sie für jedermann an der Schule **verbindlicher Bestandteil** der Arbeit. Gleichzeitig liegt die Erarbeitung der Bausteine zeitlich genau im Schuljahr fest (= **Planbarkeit** und Abstimmungsmöglichkeiten für den Transfer der Inhalte auf den Fachunterricht). Dadurch wird die Umsetzung der Inhalte **institutionalisiert** und zur Routine in der schulischen Arbeit.

Schwerpunkttage

Die Erarbeitung der Bausteine erfolgt an so genannten **Schwerpunkttagen**. An diesen Tagen findet kein Fachunterricht im 45-Minuten-Takt statt, sondern der Klassenlehrer arbeitet mit seiner Klasse an dem im Curriculum festgeschriebenen Baustein. Er ist für die Durchführung und Ergebnissicherung verantwortlich. Um eine realisierbare Organisation zu gewährleisten, hat es sich als sinnvoll herausgestellt, dass in allen Klassenstufen parallel an den entsprechenden Bausteinen gearbeitet wird.
Durch die Zuordnung der Bausteine zu bestimmten Jahrgangsstufen wird sichergestellt, dass im Laufe der Schuljahre jeder Lehrer mit den Inhalten vertraut wird. Darüber hinaus ist es die Aufgabe der Klassenlehrerteams, die Kollegen des jeweils nachfolgenden Jahrgangs in die Inhalte einzuführen. So ist jeder Kollege einerseits Trainer und andererseits Lernender. Durch dieses Rotationsprinzip ist gewährleistet, dass jeder Lehrer in der Schule sukzessive alle Inhalte der Bausteine anwenden kann. Damit wächst sozusagen als „Nebenprodukt“ ein **hohes Basiswissen** bei **allen Kollegen**.
Im Laufe der Jahre sind die einzelnen Bausteine so **verschriftlicht** worden, dass jeder neue oder noch nicht geschulte Kollege relativ schnell einen Einblick gewinnt. In diesen Vorlagen sind nicht nur a) die Ziele und Inhalte des Bausteins sowie b) eine genaue Verlaufsplanung mit Arbeitsaufträgen, Hinweisen zu Sozialformen und zeitlichem Rahmen beschrieben, sondern auch c) alle notwendigen Arbeitsblätter und Folien enthalten. Diese Unterlagen besitzt jeder und sie dienen nach der Einweisung durch Kollegen als Hilfe bei der erneuten individuellen Aufbereitung des Schwerpunkttages.
Nach Durchführung eines solchen Tages ist das jeweilige Jahrgangsteam verpflichtet, den inhaltlichen Verlauf kritisch zu reflektieren und Änderungsvorschläge festzuhalten. Auf diese Weise soll eine ständige **Evaluierung** und **Optimierung** der jeweiligen Bausteine gewährleistet werden.

Klassenlehrer

Neben der Durchführung der Bausteine an Schwerpunkttagen einschließlich der **verschriftlichten** Hilfen und einer entsprechenden Einführung durch erfahrene Kollegen gilt als zweites Standbein der Implementierung die Übertragung der Verantwortlichkeit auf den **Klassenlehrer**. Dieser geht nach einem Schwerpunkttag noch einmal auf einzelne Bausteine ein, wiederholt wichtige Aspekte und vertieft diese ggf. Durch die **Festschreibung des Verantwortungsbereiches** an eine konkrete Person bleibt die Verantwortlichkeit nicht wie bei vielen anderen fächer- und jahrgangsübergreifenden Themen (z. B. Verkehrserziehung, Gesundheitserziehung) dem Zufall und dem Engagement Einzelner überlassen.

Wiederholungszyklen

Als dritte Säule sind die sog. **Wiederholungszyklen** zu verstehen, die immer am Anfang eines Schuljahres mit allen Klassen bearbeitet werden. Hier werden in komprimierter Form die inhaltlichen Schwerpunkte aus den vergangenen Jahrgängen von den Schülern wiederholt. Damit sollen noch einmal die wichtigsten lernpsychologischen und methodischen Kenntnisse und Fähigkeiten zu Anfang eines jeden Schuljahres bei den Schülern aktiviert werden. Dies ist dem Niveau des jeweiligen Jahrganges entsprechend aufbereitet und erfolgt in einer methodisch offenen Unterrichtsform (z. B. beim Lernen an Stationen).

Fachunterricht

Die vierte Säule stellt der Fachunterricht dar. Die wohl schwerste Aufgabe besteht für alle Kollegen darin, die Inhalte der jeweiligen Bausteine auf den **Fachunterricht** zu übertragen, um auf diese Weise eine permanente Umwälzung der Lerninhalte zu gewährleisten. Erst diese, gekoppelt mit Wiederholungszyklen, Begleitung der Arbeit durch den Klassenlehrer sowie Schwerpunkttage gewähren eine dauerhafte Entwicklung von Lernkompetenz. Hier sind die Fachteams beauftragt, Materialien und Unterrichtsabläufe zu entwickeln, die mit den Inhalten der neuen Bausteine korrespondieren. Darüber hinaus sollen diese Inhalte in allen Jahrgangsstufen in den schuleigenen Fachlehrplänen verankert werden.

Wie ist das Curriculum inhaltlich aufgebaut?

Die Inhalte der einzelnen Bausteine sind vom Leichten zum Schweren und vom Elementaren zum Komplexen hin konzipiert. Sie sind zudem so aufgebaut, dass Elemente vorangegangener Bausteine immer wieder einfließen und aufgegriffen werden. Diese Verzahnung verdeutlicht die Übersicht:

Struktur und Verknüpfung der Bausteine

Schwerpunkttage	1	2	3	4	5	6	7	8	9	10	11	12	13
1. Einführungswoche													
2. Mündliche Mitarbeit I													
3. Hausaufgaben	x												
4. Mind-Mapping I													
5. Gruppenarbeit I													
6. Effektiv lernen													
7. Gruppenarbeit II													
8. Effektiv lernen													
9. Lesetechniken					x		x						
10. Markieren/Strukturieren				x	x		x		x	x			
11. Mündliche Mitarbeit II										x			
12. Klassenarbeiten				x	x	x	x	x					
13. Präsentation *Anfänger*									x	x			
14. Mind-Mapping II				x	x		x		x				
15. Nachschlagewerke					x				x				
16. Notizen				x	x		x		x			x	
17. Infobeschaffung							x		x				
18. Zuhören u. Reden													
19. Visualisierungstechniken				x	x	x	x		x	x		x	
20. Sprechen = Verstehen?					x		x						x
21. Brainstorming				x	x		x						
22. Gruppenarbeit III					x		x						x
23. Präsentation I				x	x		x		x	x			x
24. Präsentation II				x	x		x		x	x			x
25. Argument I *Basics*				x	x		x		x	x			
26. Zeitplanung			x		x		x			x			
27. Argument II *Fünfsatz*					x		x		x	x			
28. Selbstüberprüfung					x		x						
29. Mind-Mapping III				x	x		x		x	x			x
30. Argument III *Parolen*									x	x			x
31. Projektarbeit			x	x		x		x	x	x		x	
32. Bewerbungstraining					x		x		x	x			x
33. Rhetorik									x	x			x
Schwerpunkttage	1	2	3	4	5	6	7	8	9	10	11	12	13

14	15	16	17	18	19	20	21	22	23	24	25	26	27	28	29	30	31	32	33	R
																				x
																				x
																				x
																				x
																				x
																				x
																				x
																				x
																				x
x																				
	x																			
x		x																		
					x															x
x	x		x																	x
																				x
x	x	x	x		x															x
x	x	x	x		x			x												x
x	x							x	x											x
					x		x													
	x		x		x					x	x									x
		x			x		x	x	x											x
x	x	x			x		x		x	x		x								
x	x	x	x		x			x	x	x			x	x						x
x	x	x			x		x		x	x		x			x					x
	x	x	x		x			x	x	x		x		x		x				x
	x	x	x				x		x	x				x		x				x
14	15	16	17	18	19	20	21	22	23	24	25	26	27	28	29	30	31	32	33	

(R = selbstreflektierendes Lernen)

Durch diese Verzahnung können die Schüler immer wieder auf Vorwissen zurückgreifen und dieses mit neuen Elementen verbinden. Dabei wird ihnen auch der systematische Aufbau des Curriculums über den Verlauf ihrer Schulzeit bewusst, zumal sie sich immer wieder mit den Inhalten der Bausteine auseinander setzen müssen.
Die in den Klassen 5–7 und 9 zu erarbeitenden Inhalte zur Förderung der kooperativen und kommunikativen Kompetenzen werden fächerübergreifend im Rahmen von Bausteinen an Schwerpunkttagen eingeführt. Bei den Inhalten zur Entwicklung von Kommunikationskompetenz für die Klassen 8 und 10 wird dieses Konzept zugunsten einer Einführung und Anwendung im Rahmen des Deutschunterrichts, gekoppelt an Unterrichtseinheiten, verlassen.
In **Klasse 5** liegt der Schwerpunkt im Bereich der Kommunikationskompetenz auf der Reflexion der eigenen Redeängste und einer Strategieentwicklung zur Verbesserung der mündlichen Mitarbeit. Nach Anwendung dieser Strategien im Fachunterricht werden die Schwerpunkte des Bausteins in **Klasse 6** noch einmal aufgegriffen und weitergeführt. Ein weiterer Baustein in Klasse 6 befasst sich mit der Erarbeitung erster Kriterien für eine gelungene Präsentation. Hier fließen sowohl verbale (Redegeschwindigkeit, Lautstärke, in ganzen Sätzen sprechen, freies Sprechen ...) als auch nonverbale (Mimik, Gestik, Blickkontakt ...) Aspekte ein. Die Entwicklung von Kooperationskompetenz vollzieht sich nahezu ausschließlich in und durch den täglichen Unterricht. Dennoch gilt es zunächst, Schülerinnen und Schüler für kooperatives Lernen zu sensibilisieren, mit ihnen Grundlagen für ein geregeltes Miteinander zu entwickeln, ihnen diese bewusst zu machen und das gemeinsame Handeln regelmäßig zu reflektieren. Daraus leiten sich die Inhalte der beiden Bausteine für Klasse 5 ab:

- Sensibilisierung für Gruppenarbeit,
- gemeinsame Erarbeitung von Bedingungen/Regeln für erfolgreiche Gruppenarbeit,
- Übernahme von Rollen während des Arbeitsprozesses,
- einfache Formen der Selbst- und Fremdevaluation,
- Übernahme persönlicher Verantwortung.

Diese frühzeitig im Lernprozess erworbenen Kenntnisse werden systematisch in sämtlichen Kompetenzbausteinen sowie im Fachunterricht angewandt und damit zur Routine geführt.
In **Klasse 7** ist ein inhaltlicher Schwerpunkt die Reflexion der Wirkung von Sprache: Obwohl man miteinander spricht, versteht man sich manchmal

nicht. Dieser Baustein soll die Schüler sensibilisieren und in die Lage versetzen, Lösungsansätze und Strategien zum eindeutigen Kommunizieren zu erarbeiten und mit diesen anschließend kompetent umzugehen. Der zweite Baustein in dieser Klassenstufe greift die Thematik „Aktives Zuhören" und „Eindeutiges Formulieren" auf. Dabei werden Aspekte erarbeitet, die für eine erfolgreiche Kommunikation notwendig sind, wie z. B. eindeutiges Formulieren, Sprechen ohne Worte und Aktivität beim Zuhören.
Zur Förderung der kooperativen Kompetenz wird am Ende der Klasse 7 in einem weiteren Baustein der Aspekt der Selbst- und Fremdwahrnehmung in Gruppenprozessen in komplexerer Form und auf einer höheren Abstraktionsebene erneut aufgegriffen, erweitert und vertieft.
In **Klasse 8** sind die beiden Bausteine „Argumentation" eingebettet in die Unterrichtseinheit „Argumentieren" im Fach Deutsch. Sie lernen Bestandteile und Aufbau einer stichhaltigen Argumentation von These bis zur Schlussfolgerung. Ebenso wird deutlich, wie man adressatenbezogen argumentiert und in seiner Kritik zwischen Person und Sache unterscheidet.
In Klasse 9 bauen die Schüler auf ihren bisher erworbenen Argumentationskenntnissen auf. Sie analysieren u. a. so genannte Stammtischgespräche, beleuchten die psychologischen und sprachlichen Hintergründe und bekommen das argumentative Handwerkszeug, um beispielsweise mit Stammtischparolen auf argumentativer Ebene selbstbewusst umgehen zu können. Der zweite Baustein in Klasse 9 ist als Bewerbungstraining geplant. Ziel ist es, die Schüler bestmöglich auf ein Bewerbungsgespräch vorzubereiten. Stationen dazu sind: Bewerbungsgespräche und deren Inhalte, Standardfragen und pfiffige Antworten, Körpersprache, Umgang mit der Nervosität vor dem Vorstellungsgespräch, Benimm-Standards, Hinweise zum korrekten Verhalten vor, während und nach dem Gespräch, Tipps in Sachen Kleidungsfragen ...

Vielfältige Methoden des kooperativen Lernens – kooperative Lernformen – unterstützen die Förderung der Teamfähigkeit im Besonderen sowie die Entwicklung und den Ausbau von Sozialkompetenz im Allgemeinen. Die im Curriculum aufgeführten kooperativen Lernformen sind in die Bausteine eingearbeitet. Sie sind Inhalt und zugleich implizit Teil des Vermittlungs- und Erarbeitungsprozesses. Diese Einbindung in die Bausteine und damit in das Gesamtkonzept sichert eine systematische Einführung in kooperatives Lernen und gewährleistet eine anschließende Pflege im Rahmen des Unterrichts.

Schwerpunkt des vorliegenden Buches ist in erster Linie der kooperative und kommunikative Bereich. Dennoch sind systematisch Elemente von Methodentraining in die einzelnen Bausteine integriert worden. So wenden Schüler immer wieder unterschiedliche Methoden der Informationsentnahme und -verarbeitung (Lesetechniken, Markierungs- und Strukturierungstechniken, verschiedene Formen der Visualisierung) und -darbietung an. Dabei nutzen sie vielfältige Wege, ihre Lernprozesse und -ergebnisse zu reflektieren.

Bei allen erarbeiteten Methoden geht es nicht darum, die Schüler in ein methodisches Korsett zu stecken, sondern ihnen durch die Breite und Fülle des Angebotes zu ermöglichen, Methoden und Wege für sich selbst zu finden, die ihren Lerntypen und ihrem Lernverhalten in optimaler Weise entsprechen.

Schwerpunkt des vorliegenden Curriculums ist in erster Linie der lernmethodische Bereich. Dennoch sind systematisch Elemente von **Kommunikations- und Teamtraining** in die einzelnen Bausteine integriert worden. In fast allen Bausteinen spielen von Anfang an kooperative Lernformen eine herausragende Rolle, in denen Schüler in unterschiedlichster Form und methodisch abwechslungsreich lernen und üben, Erfahrungen und Erkenntnisse auszutauschen oder zu bewerten, Ziele gemeinsam auszuhandeln, Handlungen zu planen, Arbeitsschritte zu organisieren, persönliche Verantwortung für Gruppenprozesse zu übernehmen, mit jedem in der Klasse oder Lerngruppe arbeiten zu können. Die unterschiedlichen kooperativen Lernformen sind systematisch in die einzelnen Bausteine und damit in das Curriculum (mit einer entsprechenden Kurzdarstellung) integriert worden, sodass eine schulumfassende Implementierung gesichert wird.

Auch kommunikative Fähigkeiten, wie z. B. Fragen zu stellen, aktiv zuzuhören, sich in Ich-Botschaften mitzuteilen, sein Gegenüber ausreden zu lassen, sachlich zu argumentieren, Interviews vorzubereiten sind in den Bausteinen angelegt. Explizit wird Kommunikationskompetenz in den Bausteinen zum Mind-Mapping, Brainstorming, Informationsbeschaffung und Präsentationstechniken geübt. Gerade bei den beiden zuletzt genannten Themen sollen die Schüler ihr Wissen oder ihre Meinung vor einer größeren Gruppe von Zuhörern darstellen. Dabei werden neben rhetorischen Mitteln auch parakommunikative Elemente wie Gestik, Mimik oder Körpersprache geübt.

Wie kann dieses Buch eingesetzt werden?

Eine Reihe der Materialien und Vorschläge zur Durchführung der Bausteine sind auf die spezielle Situation der Realschule Enger bezogen. Die Rückmeldungen anderer Schulen zeigen, dass eine Umsetzung des Curriculums auch unter Berücksichtigung der spezifischen Schulsituation leicht und ohne großen Zeitaufwand sowie wesentliche Änderungen möglich ist.
Das Buch ist in vielfältiger Weise nutzbar. Besonders bewährt hat sich eine komplette Übernahme des Curriculums, wenn es Ziel der Schule ist, den Bereich Lernkompetenz systematisch und dauerhaft in allen Jahrgangsstufen zu etablieren.
Es hat sich als sinnvoll erwiesen, nicht sofort in allen Klassen diese Arbeit zu beginnen, sondern von Klasse 5 aufbauend das Curriculum prozesshaft in der Schule einzuführen. Wichtig ist jedoch, dass möglichst alle Lehrer einer Klasse (zumindest jedoch die der Hauptfächer bzw. diejenigen, die mit vielen Stunden pro Woche in der Klasse unterrichten) oder besser noch der gesamten Jahrgangsstufe mit der sukzessiven Arbeit beginnen und sich in regelmäßiger Form austauschen. Dazu könnte z. B. eine Stunde pro Woche alle 14 Tage pro Monat festgelegt werden, in der die gemachten Erfahrungen ausgewertet werden bzw. die gemeinsame Weiterplanung abgesprochen wird.
Es hat sich als hilfreich und sehr förderlich herausgestellt, wenn jeweils ein Kollege „Experte" für einen Lernkompetenzbaustein des schulinternen Curriculums ist. Seine Aufgabe besteht darin, die Klassenleiter einer Jahrgangsstufe, die während eines Schwerpunkttages einen Lernkompetenzbaustein mit ihren Schülern erarbeiten werden, in dessen Inhalte und methodische Abläufe einzuführen. Diese Besprechung sollte mindestens eine Woche vor dem Schwerpunkttag stattfinden. Am Ende jedes Schwerpunkttages findet eine gemeinsame Reflektion der beteiligten Klassenleitungen als Evaluation statt. Der Bausteinexperte nimmt Rückmeldungen bzw. Verbesserungsvorschläge entgegen, verarbeitet sie entsprechend und leitet sie als Optimierungsvorschläge an die für das Gesamtkonzept Verantwortlichen weiter.
Die Klassenleitungen haben so Zeit, die Inhalte und Planungsvorschläge noch einmal individuell „durchzuarbeiten" (und damit zu vertiefen), bevor sie den neuen Baustein mit ihren Klassen am Schwerpunkttag konkret umsetzen – sozusagen als „training on the job".
Lehrer können das Buch als Fundgrube nutzen und die Ideen aus den einzelnen Bausteinen auf ihre schulischen Notwendigkeiten hin modifizieren.

Weiterführung und Vertiefung der Bausteine Lernkompetenz im Fachunterricht

	September	Oktober	November	Dezember
10. Klasse				
9. Klasse	**Wieder-holungs-zyklus**	**Mind-Mapping III** Geschichte	**Projektarbeit** Deutsch Englisch Geschichte	**Argumentation III** *Stammtisch-parolen* Deutsch
8. Klasse	**Wieder-holungs-zyklus**	**Präsentations-techniken I** Englisch Biologie	**Präsentations-techniken II** Geschichte Englisch	**Argumentation I** *Basics* Deutsch
7. Klasse	**Wieder-holungs-zyklus**	**Notizen** Musik Erdkunde	**Informa-tionsbe-schaffung** Musik Informatik	**Einfach reden und zuhören!?**
6. Klasse	**Wieder-holungs-zyklus**	**Lese-techniken** Deutsch Politik (7) Geschichte (7)	**Markieren/ Struktu-rieren** Erdkunde Religion	**Mündliche Mitarbeit II** alle Fächer
5. Klasse	**Methoden Einfürungs-woche** Naturwissen-schaften*	**Mündliche Mitarbeit I** alle Fächer	**Hausaufgaben** Politik	**Mind-Mapping I** Deutsch Englisch

*Mappenführung

Bausteine zur Förderung der Methodenkompetenz

Die den Bausteinen zugeordneten Fächer übernehmen als Leitfächer die verbindliche Verantwortung für die Anwendung der Bausteininhalte auf die Fachinhalte *unmittelbar im Anschluss* an den Schwerpunkttag. Dazu liegen ausgearbeitete Unterrichtsvorhaben vor. Alle weiteren Fächer greifen die Inhalte im Laufe der folgenden Wochen auf und integrieren sie in ihre schulinternen Lehrpläne.

Januar	Februar	März/April	Mai/Juni	Kooperative Lernformen
				A-B-Methode Ausstellung Doppelstuhlkreis Galeriegang Graffiti Gruppenpuzzle Gruppenrallye Marktplatz Murmelgruppen Numbered-Heads-Together One Stay, Three Stray Partnercheck Placement Think-Pair-Share Trade-A-Problem Verabredung Vier Ecken
	Bewerbertraining Politik			
Zeitplanung Deutsch	**Argumentation II** *Fünfsatz* alle Fächer	**Selbstüberprüfung** alle Fächer		
Visualisierungstechniken Physik Religion Deutsch	**Sprechen, sehen, hören = verstehen!** Deutsch	**Brainstorming** Englisch Biologie	**Gruppenarbeit III** Religion Politik	
Klassenarbeiten Mathematik Geschichte	**Präsentation** *Anfänger* Musik	**Mind-Mapping II** Musik Erdkunde Politik	**Arbeit mit Nachschlagewerken** Religion NaWi Geschichte (7)	
Gruppenarbeit I Politik	**Effektiv lernen I** Musik	**Gruppenarbeit II** Politik Deutsch	**Effektiv lernen II** Musik Geschichte (6)	

Bausteine zur Förderung der Kooperationskompetenz

Bausteine zur Förderung der Kommunikationskompetenz

Fachspezifische Vertiefung und Anwendung

Parallel zur Einführung sämtlicher Bausteine ist es notwendig, die Inhalte jeweils fachspezifisch in den einzelnen Fächern aufzubereiten und entsprechend anzuwenden. Dazu bietet sich das Lernkompetenz-Curriculum als wichtiges schulisches Steuerungsinstrument in mehrfacher Form an. So lässt sich einerseits ein für alle in der Schule verbindliches Leitfachsystem entwickeln. Dessen Aufgabe liegt vor allem darin, eine zeitliche und inhaltliche Steuerung der Umsetzung der Kompetenzinhalte im Anschluss an einen Schwerpunkttag zu gewährleisten: Die jeweiligen Leitfächer stellen sicher, dass die fachübergreifenden Inhalte unmittelbar in den Fachunterricht übertragen werden. Gleichzeitig wird dafür gesorgt, dass nicht ein „Methoden-Overkill“ nach einem Einführungstag erfolgt.
Andererseits können die für die Unterrichtsentwicklung im jeweiligen Fach zuständigen Fachkollegen die Bausteine des Lernkompetenz-Curriculums in ihren Fachkonferenzen so aufbereiten, dass sie systematisch und gekoppelt an fachliche Inhalte in den Fachunterricht übertragen werden können. Hierzu bieten die in den Bausteinen vorgestellten Materialien erste Anregungen, die sich relativ leicht auf fachspezifische Inhalte transferieren lassen.
Beispiel: Mind-Mapping

In **Mathematik** werden für eine Klassenarbeit über gerade geometrische Körper die wichtigsten Formeln gesammelt.

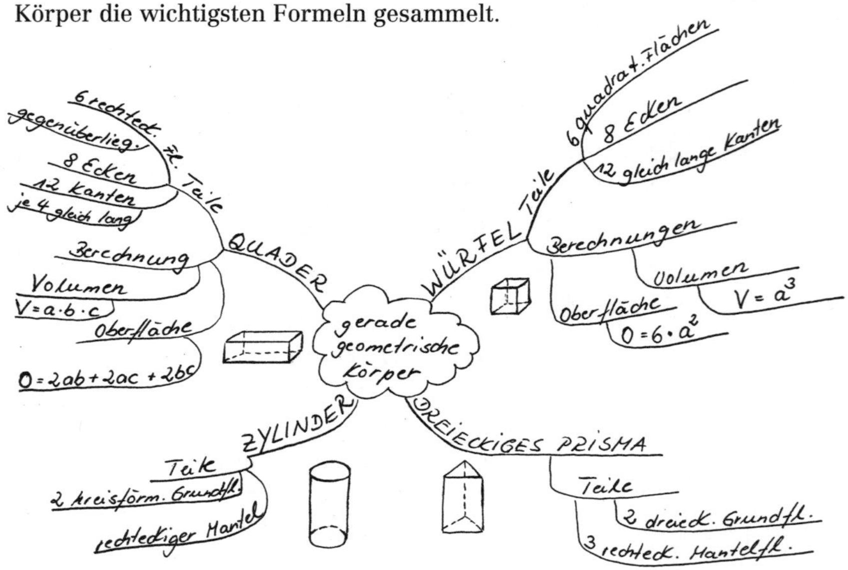

Beispiel: Umgang mit Nachschlagewerken

In **Englisch** wird das Lehrwerk als Nachschlagewerk genutzt.

Textbook Rallye

Answer the following questions with the help of your textbook. Don’t forget to write down on what page you found the answer to the question, please.

question **page** ______

1. Is „(to) sit“ an irregular verb?
2. You would like to know what the people in Spain are called.
   They are called ______________________
3. What does the symbol ⚠ tell you?
4. What does the symbol ~ stand for?
5. a) What is „past progressive“ in German?

   b) Find an example

   c) Where do you find the rule?
6. Where is the Isle of Man?
7. Name three English rivers:
8. Where can you find the difference between „who’s“ and „whose“?

Zugleich erweist sich die zeitliche und inhaltliche Grundstruktur des Curriculums als besonders nützlich. Es kann so als Orientierungs- und Planungsrahmen für alle Fächer der Schule bei der Übertragung der Bausteininhalte auf den Fachunterricht dienen und ist somit wiederum Steuerungsinstrument für die Unterrichtsentwicklung auf der fachlichen Ebene.

Curriculum Geschichte   Fachinhalte/thematische Einheiten/Lernkompetenz

10. Klasse	TE 16 Faschismus PROJEKTARBEIT		TE 17 Weltkonflikte MIND- MAPPING III	TE 18 Staatengeschichte	TE 19 Integration	
9. Klasse				TE 14 Geschichte eines nichteuropäischen Landes PROJEKTARBEIT	TE 13 Imperialismus	TE 15 Sozialismus
8. Klasse	TE 11 Demokratie und Revolution INFORMATIONSBESCHAFFUNG		TE 7 / 8 / 10 Islam, Judentum, Neuzeit PRÄSENTATION I + II	TE 12 Industrialisierung VISUALISIERUNGS- TECHNIKEN		TE 9 Wanderungen
7. Klasse				TE 5 Europäisches Mittelalter ARBEIT MIT NACHSCHLAGEWERKEN KOMMUNIKATION III (PRÄSENTATION LEICHT GEMACHT)		TE 6 Christentum
6. Klasse	TE 0 Einführung TE 1 Ur-/Frühgeschichte TEAM	TE 2 Ägypten MIND- MAPPING I		TE 3a Griechen EFFEKTIV LERNEN/ KLASSENARBEITEN	TE 3b Römer MARKIEREN, STRUKTURIEREN	TE 4 Umwelt- geschichte
	August/ September	**Oktober/ November**	**Dezember/ Januar**	**Februar/März**	**April/Mai**	**Juni/Juli**

Auf dem Weg zum selbstgesteuerten Lernen

Der Umsetzung und Pflege der Lernkompetenzen im Fachunterricht wird ein Arbeitsmodell zugrunde gelegt, das bei einem wachsenden Grad von Eigenverantwortung und Selbststeuerung durch die Schüler die Umsetzung der Inhalte in unterschiedlichen Schritten ermöglicht und das gleichzeitig - je nach „Reife“ einer Fertigkeit bzw. Kompetenz unterschiedliche Unterrichtsformen vorsieht (Abb. Arbeitsmodell): Im ersten Umsetzungsschritt – also unmittelbar im Anschluss an die kontextarme, fachunabhängige Erstbegegnung – werden einzelne Inhalte des Lernkompetenz-Curriculums mit den Fachinhalten der verschiedenen Fächer gekoppelt, um sie mit relevanten Unterrichtsinhalten intensiv zu üben. Um Sicherheit im Umgang z. B. mit neuen methodischen Fertigkeiten zu gewinnen, geht es auf dieser Stufe um Routinebildung durch eine kurze „Trainingsphase“. Diese verfolgt fachliche Ziele und sie ist nicht als Selbstzweck zu betrachten.

Im zweiten Umsetzungsschritt werden in allen Fächern einfache, überschaubare Verknüpfungen unterschiedlicher Kompetenzbereiche durch entsprechende „kontextreichere“ Aufgaben entwickelt. Diese führen die Routinebildung bei den Schülern weiter, ermöglichen jedoch gleichzeitig auch erste Schritte selbstständigen Arbeitens. Die Schüler erfahren recht schnell, dass sie Phasen des Unterrichts – also die Bearbeitung von inhaltlichen Aufgaben – mit Hilfe ihrer Methodenkenntnisse und kooperativen und kommunikativen Fähigkeiten selbstständig und effektiv durchführen können.

Die sich ständig erweiternden Kompetenzen erlauben und erfordern schließlich komplexe Lernarrangements (dritter Umsetzungsschritt), die den Schülern einen hohen Grad an Selbststeuerung ihres Lernprozesses und die Verknüpfung der Teilkompetenzen ermöglichen und abverlangen. Neben offenen Unterrichtsformen wie Wochenplanarbeit, Lernen an Stationen, wahl differenziertem Unterricht, Lernwerkstätten, Freiarbeit oder Projektarbeit/Projektorientierung bieten sich dazu komplexe Aufgaben an. Neben der Fachkompetenz und den methodischen Fähigkeiten benötigen Schüler zur Bewältigung auch kooperative und kommunikative Kompetenzen sowie die Fähigkeit, eigene Lernprozesse zu reflektieren und zu bewerten.

Arbeitsmodell der Fachkonferenzen zur Umsetzung von Lernkompetenz in den Fachunterricht

	Schritte	Voraussetzungen – Schüler/Lehrer	Ziele
1.	1:1 Umsetzung einzelner Methoden	Kenntnisse einzelner Methoden	Methodentraining, Routinebildung
2.	gesteuerte Verknüpfung einzelner Methoden und Kompetenzbereiche	Kenntnisse unterschiedlicher Methoden, Anwendung kooperativer und kommunikativer Kompetenzen	Methodentraining, Routinebildung, erste Schritte zu selbstständigem Lernen
3.	Offene Unterrichtsformen, komplexe Lernarrangements (intensive und umfangreiche Verknüpfung aller Kompetenzbereiche)	umfangreiches Methodenrepertoire, kooperative Kompetenzen, kommunikative Kompetenzen	Selbstgesteuertes Lernen
In allen Schrittfolgen ist die Reflexion über Lernprozesse und Lernergebnisse mit einbezogen.			

Die Einbeziehung der Eltern

Um das Konzept des lebenslangen Lernens in einer Schule zu etablieren, ist es ratsam, auch die Eltern in den Prozess einzubeziehen, denen dieser Themenbereich aufgrund ihrer eigenen schulischen Erfahrungen völlig unbekannt ist. Und Unbekanntes stößt in der Regel auf Unverständnis und Widerstand. So sollten zunächst die Mitbestimmungsgremien der Eltern über die Gründe, Inhalte und unterrichtlichen Konsequenzen informiert werden. Vor Beginn der Implementierung des Curriculums sollten auf Elternabenden Informationen an die Eltern weitergegeben werden, die möglichst schon mit ersten Ausschnitten aus den Bausteinen verbunden sind. Im Anschluss an diese Elternabende können Workshops zu bestimmten Bausteinen angeboten werden. In diesen Workshops werden Bausteine oder Elemente ausgewählter Bausteine mit den Eltern erarbeitet und anschließend diskutiert.

Darüber hinaus hat es sich in der Realschule Enger auch bewährt, interessierte Eltern zur Hospitation an Schwerpunkttagen einzuladen. Schließlich wäre ein weiterer Weg der Elterneinbindung eine regelmäßig erscheinende schriftliche Informationsbroschüre mit „Tipps und Tricks zum besseren Lernen“. Auch diese begleitende Maßnahme wird von Eltern sehr positiv angenommen. Dabei hilft sie nicht nur Eltern, ihre Kinder auch im häuslichen Bereich bei Lernproblemen zu unterstützen, sondern sie macht nach außen deutlich, wie wichtig der Schule diese neue Thematik ist.

Anmerkungen zum Materialteil

Der Materialteil ist so aufgebaut, dass jeder Baustein zunächst kurz begründet wird. Daran schließt sich immer eine Verlaufsplanung mit der Beschreibung der Ziele des jeweiligen Bausteins und eine Auflistung des benötigten Materials an. Das Kernstück des Bausteins ist eine detaillierte Beschreibung, die direkt für den Unterricht übernommen werden kann, sodass keine erneute Planung notwendig ist. Arbeitsblätter und Folienvorlagen für den Unterricht finden sich zur besseren Übersicht in verkleinerter Form am Ende jeden Bausteins. Von der CD-ROM können sie problemlos für den eigenen Gebrauch heruntergeladen, z. T. modifiziert werden.

Schluss

Obwohl das vorliegende Curriculum Ergebnis eines langen Entwicklungsprozesses ist, von dem wir überzeugt sind und erfahren haben, dass es ein sehr hilfreiches Instrument geworden ist, erheben wir nicht den Anspruch, eine perfekte unumstößliche Antwort gefunden zu haben. Deshalb freuen wir uns über Rückmeldungen jeglicher Art (Kritik, Erfahrungen, Anmerkungen, Lob, Verbesserungsvorschläge, Ergänzungen usw.). Schreiben Sie bitte an:

Realschule Enger
Ringstr. 75–89
32130 Enger
Tel: 052 24/97 80 34
Fax: 052 24/97 80 36
E-Mail: info@rsenger.de

Weitere Informationen zur Realschule Enger finden Sie unter www.rsenger.de

MÜNDLICHE MITARBEIT I

Sonja Gerland-Péus, Anke Husmann-Niemann, Gisela Wibbing

3 Unterrichtsstunden

Ziele und Überblick

- **Reflexion des eigenen Redeverhaltens**
- **Benennen allgemeiner bzw. eigener Redehemmnisse**
- **Entwicklung von Strategien zur Verbesserung der mündlichen Mitarbeit**
- **Regelmäßige Selbstreflexion der eigenen mündlichen Mitarbeit**

Kooperative Lernformen:

- ***Murmelgespräch***
- ***Verabredung (Appointment)***
- ***Doppelstuhlkreis***

A	10 Min.	**Einstieg**	Inhalt und Verlauf des Schwerpunkttages Assoziation zu einer Folie
B	35 Min.	**Problembeschreibung**	Anhand von Fallbeispielen diverse Handicaps herausstellen, die eine aktive mündliche Mitarbeit beeinflussen
C	35 Min.	**Reflexion**	Reflexion der eigenen Redeängste und Sammeln von Vorschlägen zur Verbesserung der eigenen mündlichen Mitarbeit

D	35 Min.	**Strategie-entwicklung**	Formulierung von Lösungen/Strategien für die unter B *(Problembeschreibung)* herausgearbeiteten Redehemmnisse
E	30 Min.	**Selbstreflexion**	Einführung eines Bogens zur regelmäßigen Reflexion der eigenen mündlichen Mitarbeit im Fachunterricht
F	15 Min.	**Feedback**	Die Eindrücke des Tages werden ausgetauscht.
G		**Fragebogen**	Nach einem halben Jahr wird über einen offenen Fragebogen reflektiert, ob und wie sich die eigene mündliche Mitarbeit entwickelt hat.

Einleitung

Der Übergang in die weiterführende Schule verlangt eine Menge von den Schülern der 5. Klasse. Zu Beginn des neuen Schuljahres heißt es nämlich, sich auf etliche Neuerungen einzustellen – da gibt es neue Mitschüler, Lehrer und Fächer, die ebenso neue Erwartungen, Arbeitsweisen usw. mit sich bringen. All das beeindruckt und beschäftigt mitunter so stark, dass es einem anfangs – im wahrsten Sinne des Wortes – die Sprache verschlägt. Vielfach trauen sich Schüler nicht, etwas laut vor der (neuen) Klasse zu sagen, weil sie sich nicht 100%ig sicher sind, Angst haben etwas Falsches zu sagen, sich sorgen, dass sie rot werden, sich zu blamieren und, und, und ... Damit diese Ängste jedoch erst gar nicht lange wirken können bzw. gar kultiviert werden, ist dieser Baustein entwickelt worden. Er findet ca. vier Wochen nach Schuljahresbeginn statt, sodass die Schüler zum einen erste Erfahrungen im neuen Umfeld sammeln konnten, zum anderen das Thema „Redehemmer“ möglichst früh angesprochen wird. Bei diesem Baustein gilt es gleichermaßen die neuen und die alten – aus der Grundschulzeit stammenden – mündlichen Erfahrungswerte heranzuziehen und zu reflektieren. Verschiedene Fallbeispiele bieten einen „sanften Einstieg“ in das „heikle Thema“. Im weiteren

Verlauf stellen einfach zu bearbeitende Selbsteinschätzungsbögen einen Ich-Bezug her. Über den Austausch mit Wahlpartnern und Kleingruppen wird eine vertrauenswürdige Basis geschaffen, um offen zu sprechen und denkbare Lösungsansätze zu entwickeln. Diese Strategien verfolgen letztendlich das Ziel, die eigene mündliche Mitarbeit langfristig und auf alle Fächer bezogen zu aktivieren.

Materialliste

▪ Anlage 1	Folie
▪ Anlage 2	Klassensatz
▪ Anlage 3	Klassensatz
▪ Anlage 4	Klassensatz
▪ Anlage 5	1/3 des Klassensatzes
▪ Anlage 6	Klassensatz
▪ Anlage 7	Klassensatz[1]
▪ Plakate	
▪ Eddings	
▪ Klebestreifen	

[1] Evaluationsbogen, der erst in ca. sechs Monaten zum Einsatz kommt.

Planungsverlauf

A 10 Min. Einstieg

Anlage 1: Folie – Einfach gruselig!?

Die Schüler äußern Assoziationen zu der präsentierten Darstellung. Damit diese Äußerungen von einem möglichst breiten Feld ausgehen, bietet sich hier im Vorfeld das Murmelgespräch an. Zur Aussageabsicht der Zeichnung findet dabei ein kurzer Austausch mit dem Tischpartner statt und erst danach werden „laute" Vermutungen im gesamten Klassenverband geäußert.

B 35 Min. Problembeschreibung

Anlage 2: Nina, Benny, Sarah und Nils

Die vier Fallbeispiele werden gemeinsam gelesen und eventuelle Unklarheiten erläutert. Danach ergeht folgender Auftrag an die Klasse: „Zusammen mit eurem Tischpartner, eurer Tischpartnerin wiederholt ihr noch einmal mündlich mit eigenen Worten, was Nina, Benny, Sarah und Nils jeweils passiert. Danach stellt ihr heraus, wo beim Einzelnen das Problem liegt. Wenn ihr dieses benannt habt, schreibt ihr es auf die entsprechenden Leerzeilen unter den jeweiligen Fall. Die vorgegebenen Satzanfänge helfen euch beim Einstieg."

Die Ergebnisse werden dem benachbarten Tischpartner-Team vorgestellt und mit ihm besprochen. Im Anschluss daran werden die Ergebnisse gesammelt. Dabei hält der Lehrer die einzelnen Nennungen stichpunktartig an der Tafel (wahlweise auch auf einem Plakat) fest.

C 35 Min. Reflexion

Anlage 3: Gute Selbsteinschätzung macht stark!!!

Nach dem Austeilen des Bogens findet eine kurze Erläuterung statt, wie die Plus-Minus-Skala zu nutzen ist. Anhand eines Beispiels (Ich freue mich heute in der Klasse 5 ... zu sein.) veranschaulicht die Lehrperson die Handhabung an der Tafel. Folgende Aufgabe wird darüber hinaus mitgeteilt: „Lies dir die einzelnen Aussagen gut durch! Entscheide dich dann, in welchem Maße die jeweilige Bemerkung auf dich persönlich zutrifft. Passt sie, dann zeichnest du einen deutlichen Punkt auf der Linie ganz in der Nähe des Pluszeichens. Findest du, dass die Aussage auf dich überhaupt nicht zutrifft, dann kommt der Punkt eher in die Nähe des Minuszeichens. Dir steht die gesamte Linie zur Verfügung. Fülle den Bogen auf jeden Fall ganz allein aus und rede dabei nicht mit deinem Nachbarn bzw. deiner Nachbarin."

Im Anschluss daran füllen die Schüler den Bogen in Einzelarbeit aus. Ist die Klasse damit fertig, wird das Ergebnis mit einem freiwillig gewählten Partner besprochen. Für diesen Austausch wird die Verabredungs-Methode genutzt. Die Lehrkraft schreibt dazu drei Termine (z. B. 15.00, 16.00, 17.00 Uhr) an die Tafel. Die Schüler übertragen die Zeiten auf einen Schmierzettel und verabreden sich mit drei Personen ihres Vertrauens (die hinter der entsprechenden Zeit aufgeschrieben werden). Die nun folgenden Gesprächstermine sind inhaltlich wie folgt gefüllt: In dem ersten Partnergespräch (um 15.00 Uhr) findet ein Austausch der zuvor fixierten Selbsteinschätzungen statt. Diese Einschätzungen fungieren wiederum als gedankliche Basis für die nächste Phase.

Anlage 4: Spurensuche – was könnte dahinter stecken?

Hier gilt es aus sieben möglichen Gründen, warum man sich nicht meldet, seine TOP-Drei auszuwählen. Nach der ersten Verabredung setzt sich die Klasse wieder und bearbeitet in Einzelarbeit die Anlage 4, allerdings ausschließlich die ICH-Spalte. Ist die Auswahl getroffen, verkündet die Lehrperson den nächsten Verabredungstermin (16.00 Uhr), sodass eine neue Partnerbildung zu Stande kommt. In dieser Konstellation werden die angekreuzten Top-Gründe vorgestellt. Diesmal fungiert der Partner als Tippgeber, um das jeweilige „Redehemmnis" in den Griff zu bekommen. Neben den mündlichen Ausführungen zu seinem Tipp fixiert er diesen auch schriftlich auf dem Arbeitsblatt. Zur besseren Veranschaulichung sollte das auf dem Blatt dargestellte Beispiel im Vorfeld angeführt werden. Der Austausch und die Tippgebung erfolgen schließlich ein zweites Mal (17.00 Uhr-Termin) mit einer weiteren Vertrauensperson.

D 35 Min. Strategieentwicklung

In dieser Phase wird noch einmal auf die „Handicaps" des Anfangs zurückgegriffen. Dazu wird auf das Tafelbild bzw. das Plakat (siehe Phase B *Problembeschreibung*) verwiesen und im Klassengespräch gemeinsam nach Wegen gesucht, wie die genannten Redehemmer abgebaut werden können. Die in Phase C gesammelten Tipps der Anlage 4 dienen dabei als Quelle, denn hier soll noch einmal alles zusammengetragen werden. Die einzelnen Tipps werden von der Lehrkraft auf einem Plakat festgehalten, das später in der Klasse ausgestellt wird.

Neben der gemeinsamen Strategieentwicklung erhält jeder Schüler die Möglichkeit, sein persönliches Vorhaben hinsichtlich der eigenen mündlichen Mitarbeit zu formulieren. Dazu teilt die Lehrkraft an jedes Klassenmitglied den „Memo-Streifen" aus.

Anlage 5: Das nehme ich mir vor ...

Entsprechend der Vorgaben trägt hier jeder sein persönliches Ziel für die kommenden Tage (für die kommende Woche) ein. Formulierungshilfen sind empfehlenswert, damit das Vorhaben für die nächste Woche nicht in einer zu allgemeinen Form (zum Beispiel „mehr melden“ verpufft). Dementsprechend sollten die Schüler möglichst konkrete Ziele formulieren (beispielsweise: In Englisch immer nachfragen, wenn etwas unklar ist. Mit Tobi nur in den Pausen reden. In Mathe mindestens 3-mal freiwillig melden. In Bio immer die Hausaufgaben machen und zum Vorlesen melden.) Damit diese Vorsätze auch permanent präsent sind, darf jeder sein ausgefülltes Blatt mit Klebestreifen am oberen Rand seines Tisches befestigen. Auf diese Weise bekommen auch die anderen Fachkollegen Kenntnis von den individuellen Zielen.

E 30 Min. Reflexion

Anlage 6: Selbstbewertungsbogen

Zum Abschluss wird den Schülern ein Selbstreflexionsbogen vorgestellt, mit dem sie zukünftig ihre mündliche Mitarbeit beobachten, festhalten und bewerten können. Dazu ist es wichtig, dass die einzelnen Beobachtungskriterien der Reihe nach durchgegangen und besprochen werden. Außerdem sollten die zu benutzenden Symbole thematisiert und gemeinsam der aktuelle Stundenplan (die Abkürzungen für jedes Fach) in die noch leere Zeile unter den Stunden eingetragen werden. Darüber hinaus muss der Ablauf, also wann bzw. zu welchem Zeitpunkt der Bogen ausgefüllt wird, unbedingt geklärt werden. Um mit diesem Bogen Gewinn bringend zu arbeiten, muss den Schülern zukünftig Zeit für „die Pflege“ zur Verfügung gestellt werden. Es empfiehlt sich – nach Absprache mit den anderen Fachkollegen der Jahrgangsstufe – dass alle Fächer zum Ende jeder Stunde fünf Minuten für das Eintragen an die Lernenden „abgeben“. Fünftklässler können es nicht leisten, dass sie die kleine bzw. große Pause für ihre Aufzeichnungen nutzen. Will man bei Schülern eine Selbstreflektionskompetenz ausbilden, so ist ein frühzeitiges Heranführen im Sinne eines Ritualisierens sinnvoll und notwendig. Durch diese implizite Form wird ein erster Schritt geleistet und damit amortisieren sich die „fünf Minuten“ letztendlich wieder.
Des Weiteren ist es – gerade in der Anfangsphase – wichtig, dass regelmäßig zum Ende der Schulwoche Raum für eine Wochenevaluation gegeben wird. Jeder Schüler nimmt sich dabei den eigenen Bogen vor und wertet die Ein-

träge aus (siehe Selbstbeobachtungsbogen – Auftrag/Beispiel *Ende der Woche*). Auf der Basis dieser Auswertung wird wiederum ein Vorhaben (entsprechend Anlage 5) für die kommende Woche gewählt und ausformuliert. Damit der Bogen nicht „irgendwo" herumfliegt, empfiehlt es sich mit dem ersten einen Briefumschlag (herkömmliches Format) auszuteilen. Diesen klebt der Schüler mit der Rückseite in den Pappeinband des Hausaufgabenheftes, sodass die Öffnung frei zugänglich ist. Nach jedem „Benutzen" wird der Bogen wieder auf das Briefumschlagsformat zusammengefaltet und kann bis zum nächsten Eintrag sicher geparkt werden.

F 15 Min. Stunden-/Tagesfeedback

Den Abschluss dieses Bausteins bildet eine Feedbackphase zum Tag bzw. zu den Stunden. Dazu formiert die Klasse einen Doppelstuhlkreis. In den entstandenen Partnerteams werden die Tageseindrücke und -bewertungen gegenseitig vorgestellt. Es empfiehlt sich die „Kreise" häufiger rotieren zu lassen, um einen mehrmaligen Austausch zum „Geschehen" zu ermöglichen. Verbleibt noch Zeit, so kann aus dem Doppelstuhlkreis problemlos ein einfacher Stuhlkreis gebildet werden und darin noch einmal abschließend reihum der durchlaufene Baustein reflektiert werden.

G Fragebogen Mündliche Mitarbeit

Anlage 7: Mündliche Mitarbeit

Dieser Bogen kommt erst später zum Einsatz. Er sollte nach rund sechs Monaten – möglicherweise zum Halbjahreswechsel – an die Klasse (bzw. den Jahrgang) ausgegeben und ausgefüllt werden. Dabei kommen ihm zwei Funktionen zu: Zum einen dient er der Auffrischung. Er initiiert auf andere Weise als die täglichen Einträge in den Selbstbeobachtungsbogen ein Nachdenken über die eigene mündliche Mitarbeit. Darüber hinaus stellt er (bzw. sein Ergebnis) ein Element für den nächsten Baustein *Mündliche Mitarbeit II* in Klasse 6 dar. Hierbei liegt der Fokus auf Frage 4, deren Resultat über eine Grafik visualisiert und im Einstieg des nächsten Bausteins thematisiert wird.

Ende

Mündliche Mitarbeit I *Anlage 1*

Einfach gruselig!?

Mündliche Mitarbeit I *Anlage 2*

Nina, Benny, Sarah und Nils

➪ Lies dir die vier Situationen genau durch.

➪ Schreibe dann kurz auf, wo deiner Meinung nach das Problem liegt.

Nina findet Mathe richtig prima. Wenn die Lehrerin eine Rechenaufgabe stellt, weiß sie die Lösung eigentlich immer. Meistens meldet sie sich aber lieber nicht, denn wenn sie vor der Klasse spricht, hat sie immer ein flaues Gefühl im Magen, merkt, dass sie rot wird und feuchte Hände bekommt.

Ninas Problem ist: ______________________________

____

____

Benny sitzt an seinen Englischhausaufgaben. Heute muss er „nur" Vokabeln lernen. Nachdem er sich diese mehrmals durchgelesen hat, fühlt er sich fit. Weiteres Lernen spart er sich also. Am nächsten Tag in der Englischstunde fragt der Lehrer die Vokabeln ab. Obwohl Benny gestern noch alles super drauf hatte, sind jetzt alle Vokabeln wie weggeblasen. Er meldet sich lieber nicht.

Bennys Problem ist: ______________________________

____

____

Sarahs Deutschlehrer bittet die Klasse noch einmal alle Märchenelemente aufzuzählen. Eigentlich hat Sarah die ganze Zeit aufgepasst und war auch in den anderen Stunden immer bei der Sache, aber mit dem Wort „Element" kann sie nichts anfangen. Beim Lehrer nachfragen will sie aber nicht, sonst denkt der noch, dass sie nicht aufgepasst hat. Dann meldet sie sich lieber nicht.

Sarahs Problem ist: ______________________________

____

____

Nils sitzt zu Hause am Schreibtisch. Morgen muss er im Physikunterricht den Versuch aus der letzten Stunde erklären. Er hat sich gut darauf vorbereit und fühlt sich eigentlich sicher. Trotzdem macht er sich Sorgen, denn die anderen lachen immer sofort und machen Sprüche, wenn man sich einfach nur mal verspricht. Deshalb sagt er im Unterricht häufig lieber nichts.

Nils Problem ist: ______________________________

____

____

Mündliche Mitarbeit I *Anlage 3*

Gute Selbsteinschätzung macht stark!!!

Es geht wieder um deine mündliche Mitarbeit!

⇨ Überlege, wie du die folgenden Situationen einschätzen würdest und nimm eine Selbsteinschätzung vor. Entscheide dich, ob das jeweilige Gefühl für dich sehr, gar nicht oder ein bisschen zutrifft.

		trifft sehr zu	trifft ein bisschen zu	trifft gar nicht zu
1.	Ich habe Angst, etwas Falsches zu sagen.	❑	❑	❑
2.	Ich fühle mich im Unterricht unsicher, wenn ich mich nicht richtig vorbereitet habe.	❑	❑	❑
3.	Ich habe Angst nachzufragen, weil ich dann als „Nichtaufpasser“ angesehen werde.	❑	❑	❑
4.	Ich habe Angst rot zu werden, wenn ich vor der ganzen Klasse spreche.	❑	❑	❑
5.	Ich bin schüchtern und traue mich nicht in der Gruppe auf meinen Beitrag zu bestehen.	❑	❑	❑
6.	Ich habe Angst mich vor der Klasse zu blamieren.	❑	❑	❑
7.	Ich habe Angst alles zu vergessen, wenn ich vor der Klasse stehe.	❑	❑	❑

Mündliche Mitarbeit I *Anlage 4*

Spurensuche – was könnte dahinter stecken?

Hintergründe und Tipps

Aufgabe:

In der Tabelle stehen noch einmal Gründe, warum man sich nicht melden möchte.

Du ⇨ Kreuze aus den insgesamt sieben Gründen drei an, die auf dich am ehesten zutreffen.

Dein Partner ⇨ Schreib dir jeweils einen Tipp auf. Beispielsweise was du tun kannst, wenn du „Angst etwas Falsches zu sagen" angekreuzt hast.

Beispiel:

☒ Angst rot zu werden	***Tipp:*** *Sich zu Hause vor dem Spiegel den Hausaufgabentext laut vorsprechen.*

Ich	Partner
☐ Angst etwas Falsches zu sagen	***Tipp:***
☐ Angst wegen Unsicherheit	***Tipp:***
☐ Angst nachzufragen	***Tipp:***
☐ Angst rot zu werden	***Tipp:***
☐ Angst wegen Schüchternheit	***Tipp:***
☐ Angst sich zu blamieren	***Tipp:***
☐ Angst alles zu vergessen	***Tipp:***
☒ ☒ ☒	**drei Tipps**

Meine mündliche Mitarbeit

Das nehme ich mir für die nächste Zeit vor:

____

____

____

____

Meine mündliche Mitarbeit

Das nehme ich mir für die nächste Zeit vor:

____

____

____

____

Meine mündliche Mitarbeit

Das nehme ich mir für die nächste Zeit vor:

____

____

____

____

Mündliche Mitarbeit I *Anlage 6*

Meine mündliche Mitarbeit

Name: ______________________ **Beobachtungszeitraum:** __________ bis __________

Vorweg: Trage in die freien Kästchen unter die Zeilen Wochentag und Unterrichtsstunde das jeweilige Fach ein

Täglich: Bewerte mithilfe der Symbole zum Ende jeder Unterrichtsstunde kurz deine mündliche Mitarbeit. **Bewertungssymbole** ☺ 😐 ☹

	MONTAG						DIENSTAG						MITTWOCH						DONNERSTAG						FREITAG					
	1.	2.	3.	4.	5.	6.	1.	2.	3.	4.	5.	6.	1.	2.	3.	4.	5.	6.	1.	2.	3.	4.	5.	6.	1.	2.	3.	4.	5.	6.
Wusste immer, um was es in der Stunde ging																														
Alle Anweisungen und Aufträge verstanden																														
Gemeldet, wenn ich etwas wusste																														
Unsere Gesprächsregeln beachtet																														
Aufgepasst und nicht geträumt																														
Aufgepasst und nicht mit dem Nachbarn gequatscht																														
Nachgefragt, wenn etwas zu leise gesagt wurde																														
Lehrer gefragt, wenn etwas unklar war																														
Teammitglieder gefragt, wenn etwas unklar war																														

Ende der Woche: Betrachte zum Ende der Woche (am Freitag) deine gesamten Aufzeichnungen.
Schreibe auf (Extrablatt), was besonders gut funktioniert hat (z. B. viele ☺ bei „Aufgepasst und nicht geträumt“).
Schreibe danach auf, was noch nicht so gut geklappt hat (z. B. viele ☹ bei „Unsere Gesprächsregeln beachtet“).
Halte zum Schluss schriftlich fest, was du dir bezüglich deiner mündlichen Mitarbeit für die kommende Woche vornimmst.

Auswertung: Für die nächsten Woche nehme ich mir Folgendes vor … (Extrablatt)

Mündliche Mitarbeit I Anlage 7

Reflexionsbogen

Seit deinem letzten gründlichen Nachdenken über deine **mündliche Mitarbeit** im Unterricht ist ja schon wieder einige Zeit vergangen. Du erinnerst dich bestimmt noch an die verschiedenen Situationen aus dem „mündlichen“ Unterrichtsalltag, an die Fragebögen usw.
Deine eigenen Erfahrungen und Einschätzungen waren damals gefragt.

Und – wie sieht's jetzt bei dir aus?

⇨ Die folgenden Satzanfänge helfen dir, deine Eindrücke und Erfahrungen zu deiner jetzigen mündlichen Mitarbeit zu sortieren.
Antworte dabei bitte ehrlich, ernsthaft und sorgfältig. Vielen Dank !

1. **Ich melde mich freiwillig, wenn ...**

___

___

2. **Ich traue mich etwas laut vor den anderen zu sagen, wenn ...**

___

___

3. **Wenn ich mich zu Hause gut auf den Unterricht vorbereite** (Hausaufgaben erledigt, Infotexte gelesen, Vokabeln gelernt, Abbildungen angeschaut, Tafelabschrieb zu Hause noch einmal durchgegangen, ...), **dann ...**

___

___

4. **Denke an eine Situation im Unterricht zurück** (Klassengespräch, Gruppenarbeit, ...), **in der du dich nicht getraut hast etwas zu sagen. Beschreibe diese Situation.**

___

___

5. Formuliere zum Schluss bitte einen ehrlichen Profitipp für dich selbst:
Was meinst du, woran könnte es gelegen haben, dass du dich in der unter 4. beschriebenen Situation nicht getraut hast?

___

___

GRUPPEN-ARBEIT I

Anke Hippe-Schuster, Marion Hölscher, Susanne Rave, Joachim Blombach, Christine Fricke

5 Unterrichtsstunden

Ziele und Überblick

- **Erkennen der Notwendigkeit von festgelegten Regeln für Gespräche im Klassenverband und in Gruppen**
- **Erstellen eines Regelplakats für die Klasse**
- **Anwenden der Gesprächsregeln**
- **Erstes Reflektieren des eigenen Verhaltens und der Zusammenarbeit in Gruppen**
- **Sensibilisierung für das Verhalten in der Gruppe**

Kooperative Lernform:
- ***Stafettenpräsentation***

A	10 Min.	**Einstieg**	Inhalt und Verlauf des Schwerpunkttages
B	45 Min.	**Textarbeit**	
C	25 Min.	**Erarbeitung 1**	Vorschlagen von Gesprächsregeln (Gruppenarbeit)
D	30 Min.	**Präsentation 1**	Vorstellung und Clustern der Vorschläge
E	30 Min.	**Erarbeitung 2**	Formulierung von Regeln und Plakatgestaltung (Gruppenarbeit)

F	30 Min.	**Präsentation 2**	Plakate vorstellen und bewerten
G	25 Min.	**Auswertung**	Reflexion des Gruppenprozesses
H	30 Min.	**Abschluss**	Ausblick auf Teams in verschiedenen Lebenssituationen

Einleitung

„Setzt euch zusammen und diskutiert Folgendes in der Gruppe!" „Setzt euch zu viert oder fünft zusammen und löst folgende Aufgabe gemeinsam. Später werden wir die Ergebnisse in der Klasse diskutieren" oder „Später stellt bitte jemand aus der Gruppe die Ergebnisse eurer Gruppenarbeit vor". Solche oder ähnliche Aufgaben sind Standard im schulischen Alltag, denn Gruppenarbeit im Unterricht ist „in". Teamfähigkeit und soziale Kompetenz soll sich durch das bloße gemeinsame Tun in Kleingruppen entwickeln.
Doch häufig macht sich nach kurzer Zeit Ernüchterung breit, da Schüler zwar in Gruppen zusammensitzen, jedoch alles andere als gemeinsam und zielgerichtet arbeiten. Häufig sind Schüler nur bereit, mit befreundeten Mitschülern in einer Gruppe zusammenzuarbeiten, unbeliebte Mitschüler werden ausgegrenzt. Oder ein Schüler reißt die Arbeit an sich, die restlichen Gruppenmitglieder folgen seinen Vorschlägen oder vertrödeln ihre Zeit bzw. sind mit anderen Aufgaben beschäftigt. Oder ein Schüler wird schnell vom Rest der Gruppe bestimmt, die Schreibaufgaben oder spätere Vorstellung der Gruppenergebnisse zu übernehmen, während die anderen ihm „zuarbeiten". In der Gruppenarbeit wird laut und ohne Rücksicht auf andere miteinander gesprochen, sodass die anderen Gruppen in der Klasse massiv gestört werden. Oder aber Beiträge einzelner Gruppenmitglieder werden von den anderen lächerlich gemacht. Schließlich sind Gruppenergebnisse häufig in Relation zum Zeitaufwand eher dürftig, abgesehen davon, dass viele Gruppen ihre Aufgaben nicht im vorgesehenen Zeitrahmen schaffen.

Die Ursachen für alle diese Beobachtungen führen zu dem Schluss, dass die Fähigkeit zur effektiven und erfolgreichen Arbeit in Gruppen nicht angeboren ist, sondern systematisch erlernt und intensiv geübt werden muss. Die Vermittlung dieser Fähigkeit im schulischen Kontext erfolgt in mehreren Schritten. Im ersten Baustein werden die Schüler für das Lernen in Gruppen sensibilisiert. Sie erfahren, dass eine Gemeinschaft nur dann funktioniert, wenn alle Beteiligten sich an bestimmte Regeln und Abmachungen halten. Sie erarbeiten Bedingungen und Regeln für erfolgreiche Gruppenarbeit und erproben diese. Sie entwickeln Grundlagen für ein geregeltes Miteinander im Klassenraum. Schließlich werden sie dafür sensibilisiert, dass Teamarbeit und damit die Fähigkeit in Gruppen zu arbeiten in unterschiedlichsten Situationen und Zusammenhängen der Lebens- und Arbeitswelt vorausgesetzt wird.

Materialliste

- Anlage 1 Text Frederic in der Schule
- Anlage 2 Beobachtungsbogen: Kopien im Klassensatz und als Folie
- Moderationskarten (pro Gruppe mindestens 6)
- Plakatpapier (pro Gruppe ein Bogen)
- weißes und farbiges Papier, in etwa 10 cm hohe Streifen geschnitten
- Klebstoff (sofern die Schüler keinen eigenen Kleber dabei haben)
- Eddings in verschiedenen Farben
- Klebepunkte (1 oder 3 pro Schüler, siehe Phase D)
- Tesa-Krepp
- viele verschiedene Fotos/Bilder/Karikaturen von unterschiedlichen Gruppen (am besten schon laminiert)

Planungsverlauf

A 10 Min. Einstieg

Begrüßung, den Schülern werden zunächst Inhalt und Verlauf des Schwerpunkttages bekannt gegeben.

B 45 Min. Textarbeit

Der Lehrer verteilt Texte (*Anlage 1*).
Die Schüler lesen den Text, um ein Detailverständnis zu bekommen. Anschließend wird der Arbeitsauftrag an die Tafel geschrieben.

a) „Lest euch den Text genau durch und unterstreicht mit einem farbigen Stift, was Frederic falsch macht."
b) „Welche Tipps gibt Anne ihrem Klassenkameraden?"

Die Schüler lesen den Text zunächst, unterstreichen Textstellen und notieren Annes Tipps für Frederic.

Es erfolgt eine Auswertung an der Tafel. Mögliche Schülernennungen: „Frederic stört den Unterricht". „Er steht während des Unterrichts auf." „Frederic ruft dazwischen". „Er unterbricht seine Mitschüler". ... Diese Äußerungen werden auf der linken Tafelhälfte festgehalten. Auf der rechten Tafelhälfte wird anschließend festgehalten, wie das Verhalten sein sollte.

C 25 Min. Erarbeitung 1

Für die folgende Arbeitsphase werden nach dem Zufallsprinzip 5er-Gruppen ausgelost. Eine zufällige Zusammensetzung kann z. B. erreicht werden:

- durch Abzählen (Bei 30 Schülern muss z. B. von 1 bis 6 gezählt werden. Alle mit Nr. 1 bilden eine Gruppe, alle mit Nr. 2 usw., sodass 6 Gruppen entstehen.)
- durch Gruppierung nach alphabetischer Reihenfolge der Nachnamen (die ersten 5 der Liste bilden eine Gruppe, die zweiten 5 der Liste, usw.)
- durch ein Puzzle (laminierte Tierpostkarten z. B. werden in jeweils 5 Teile zerschnitten, die Puzzleteile werden verteilt, die Schüler müssen sich in ihren Gruppen finden, z. B. die „Hamster-Gruppe", die „Löwen-Gruppe".

Die Schüler tragen in der Gruppe Vorschläge für *Regeln* zusammen, die für ein vernünftiges Gespräch berücksichtigt werden müssen. „Was müssen wir beachten, wenn wir (mit mehreren) miteinander reden und arbeiten?" Jede Idee wird als Stichwort auf einer *Karte* notiert (nur ein Wort pro Karte, für jede Idee eine neue Karte, groß und deutlich mit einem dicken Stift schreiben). Die Gruppe einigt sich auf die fünf wichtigsten Regeln.

D 30 Min. Präsentation 1

In einer *Stafettenpräsentation* werden die Ergebnisse zusammengetragen und gleichzeitig durch *Clustern* geordnet und gruppiert.
Evtl. kurzer Beifall jeweils als Dank für den Mut der Präsentatoren!

Stafettenpräsentation:
Die Schüler der ersten Gruppe heften die Ergebnisse ihrer Gruppe an die Tafel. Dabei dreht sich der jeweilige Schüler in Ruhe zur Klasse, benennt und erläutert den von ihm vorgetragenen Vorschlag und antwortet ggf. auf Nachfragen aus dem Plenum. Schließlich heftet er die Karte an die Pinnwand/Tafel.
Die weiteren Schüler der ersten Gruppe verfahren ebenso. In derselben Art und Weise wird dies von allen Schülern der jeweiligen Gruppen fortgesetzt. Beim Anheften der Karten achtet jeder Schüler zusätzlich auf Überschneidungen und Doppelungen und klebt die entsprechende Karte in die Nähe einer evtl. schon vorhandenen ähnlichen Karte.

Auf diese Weise ...
- werden die Nennungen gleichzeitig geordnet
- wird Zusammengehöriges in Gruppen zusammengefasst
- werden Häufungen sichtbar und
- Prioritäten daraus ableitbar („Das fanden offensichtlich alle Gruppen wichtig, also scheint das eine ganz wichtige Regel zu sein.“)

ACHTUNG: Durch diese spezielle Form der Präsentation müssen sich alle Schüler am Prozess beteiligen, alles verstanden haben, alles erklären können.

E 30 Min. Erarbeitung 2

Nach einer Zusammenfassung der Vorschläge (durch den Lehrer) werden die Regeln konkret ausgearbeitet und ein Regelplakat dazu gestaltet. Die Schüler arbeiten wieder in den bekannten Gruppen (s. Phase C) zusammen.

Arbeitsaufträge:
1. „Formuliert zu den gefundenen Hauptaspekten nun Regeln, die in Zukunft für die Klasse gelten sollen. Sie sollen jeweils in einem ganzen Satz und positiv, also ohne Negationen ausgedrückt werden. Außerdem sollen sie in der ICH-Form formuliert sein“ (z. B. „Ich lasse die anderen ausreden“ statt „andere nicht unterbrechen“).
2. „Gestaltet für eure Regeln ein Plakat. Die Plakate werden später von allen gemeinsam bewertet. Das beste Plakat soll unser Klassenplakat werden.“

Es muss wieder der Hinweis gegeben werden, dass später wiederum ein Gruppensprecher ausgelost wird, der die Aufgabe hat, die Ergebnisse vorzustellen.

ACHTUNG: Im Sinne einer guten und auch materialsparenden Plakatgestaltung sollte man darauf achten, dass zunächst nichts auf das eigentliche Plakatpapier geschrieben wird. Zunächst sollen die Regeln gut formuliert und notiert werden. Wenn sie dann im zweiten Schritt groß und deutlich auf Papierstreifen geschrieben werden, kann man diese dann im dritten Schritt gut auf dem Plakat anordnen, ggf. die Reihenfolge verändern, ein gutes Layout gestalten und evtl. aufgetretene Rechtschreibfehler problemlos korrigieren.

Beim Zusammenstellen der Tische und beim Austeilen des Materials sollte sich der Lehrer ruhig zurückhalten und die Arbeitsorganisation den jeweiligen Gruppen überlassen. Dies kann später ein Aspekt für die Reflexion der Gruppenarbeit sein.

F 30 Min. Präsentation 2

Das ausgeloste Gruppenmitglied jeder Gruppe stellt das entsprechende Arbeitsergebnis vor.
Zufällige Auswahlkriterien können sein:

- derjenige, der als Nächster/als Letzter Geburtstag hat/hatte,
- derjenige, dessen Nachname als Erster/Letzter im Alphabet steht,
- der Schüler mit der größten/kleinsten Schuhgröße,
- derjenige mit der höchsten/niedrigsten Hausnummer,
- derjenige, dessen Telefonnummer die größte/kleinste Zahl/oder auch Quersumme ergibt,
- ...

Man sollte darauf achten, dass das Plakat erst in Ruhe an die Tafel geheftet, dann zur Klasse gewandt erklärt wird und das Plenum Gelegenheit für Rückfragen hat. Mit Applaus sollten die Präsentatoren und die Ergebnisse belohnt werden.

Mögliche Regeln:

- Wenn ich etwas sagen möchte, melde ich mich.
- Ich warte, bis mir das Wort erteilt wird.

- Ich lasse andere ausreden.
- Ich respektiere die Aussagen und Meinungen der Anderen.
- Ich höre aufmerksam zu, was andere zu sagen haben.
- Ich mache mir eine kurze Notiz, damit ich nicht vergesse, was ich selbst sagen möchte.

Jeder Schüler erhält nun Klebepunkte, die er zur *Bewertung* der Plakate einsetzen soll. Auch hier kann man auf unterschiedliche Weise vorgehen:
- Jeder Schüler erhält einen Klebepunkt, den er auf sein favorisiertes Plakat (oder auf einen Zettel darunter) kleben kann.
- Jeder Schüler erhält drei Klebepunkte, die er alle einem Plakat geben oder aber auch auf zwei oder drei Plakate verteilen kann.
- Es empfiehlt sich, die Schüler gruppenweise nach vorne kommen zu lassen und darauf zu achten, dass sie das *eigene* Plakat *nicht* bepunkten.
- Wer mag, darf als Lehrer natürlich auch Punkte verteilen.

ACHTUNG: Die Schüler neigen dazu, das schönste, das ausgefallenste oder das Plakat ihres Freundes zu wählen. Hier muss der Lehrer zuvor also noch einmal auf die Bewertungskriterien hinweisen:
- Wurden alle gefundenen Aspekte aus Phase C berücksichtigt?
- Ist die Formulierung der Regeln positiv, in Ich-Form und als vollständiger Satz ausgedrückt?
- Ist das Plakat leserlich und ansprechend gestaltet?

Abschließend wird die Bewertung zusammengefasst und das Klassenplakat wird gut sichtbar für alle Schüler aufgehängt.

G 25 Min. Auswertung

In dieser Phase geht es nun darum, den gesamten Arbeitsprozess innerhalb der einzelnen Gruppen unter verschiedenen Aspekten zu reflektieren:

a) Einhaltung der Gesprächsregeln in der Gruppe

b) Erstes Reflektieren über Gruppenarbeit auf drei Ebenen:
   - das eigene Verhalten innerhalb der Gruppe
   - das Zusammenspiel innerhalb einer Gruppe
   - das Zusammenspiel unter den verschiedenen Gruppen

Der Schwerpunkt liegt auf den Gesprächsregeln. Die unter b) angedachten Aspekte werden am zweiten Schwerpunkttag ausführlicher behandelt.

Anlage 1 „Beobachtungsbogen" als Folie

Zunächst wird der Beobachtungsbogen im Plenum vorgestellt. Ein Beispiel für das Ausfüllen kann benannt und Rückfragen geklärt werden.

Anlage 1 „Beobachtungsbogen" wird ausgeteilt.

In Einzelarbeit füllt jeder Schüler seinen Beobachtungsbogen aus.
Anschließend setzen sich die schon bekannten Gruppen zusammen und die Schüler tauschen ihre Eindrücke untereinander aus.
Wichtig dabei ist die Perspektive „nach vorne"; also die Frage: „Was will ich/was wollen wir beim nächsten Mal besser machen?"
Diese Rückmeldungen werden schließlich noch einmal im Plenum gesammelt und besprochen. (Möglicherweise ergibt sich in diesem Auswertungsgespräch noch die Notwendigkeit, die Regeln zu erweitern.)

H 30 Min. Abschluss

Zusammenarbeit in Gruppen findet nicht nur in der Schule statt. Um dies den Schülern deutlich zu machen und noch einmal den Sinn und Zweck des Tages zu unterstreichen, soll nun der Blick auf Gruppen und Arbeitsteams in verschiedenen Situationen und Zusammenhängen der Lebens- und Arbeitswelt ausgeweitet werden.

Als Impuls hierfür dienen Fotos, Bilder aus Zeitungen oder auch Karikaturen, die im Klassenraum ausgelegt werden.
Jeder Schüler geht im Raum herum, betrachtet die verschiedenen Bilder und wählt eines aus (z. B. eines, das ihn besonders anzieht oder auch abstößt).
In Dreiergruppen (die gerade in der Nachbarschaft stehen oder durch schnelles Abzählen zu bilden) tauschen die Schüler sich über ihre Bilder aus:

- Was ist auf dem Bild dargestellt?
- Warum habe ich es ausgesucht?

Auf diese Weise muss jeder Schüler zu seinem Bild und seinen Gedanken dazu Stellung nehmen, hat dafür jedoch noch den geschützten Raum einer Kleingruppe. Freiwillige Schüler stellen ihr Bild in der Klasse vor und begründen die Auswahl.

Auswahlkriterien bzw. Leitfragen für diese Phase können sein:

- Das Bild zieht mich besonders an, weil ...
- Das Bild stößt mich besonders ab, weil ...
- Wo findet hier Gruppenarbeit statt?
- Dieses Team muss gut zusammenarbeiten, damit ...
- Wenn dieses Team versagt, dann ...

Beispiele für Teams in verschiedenen Situationen:

- Fußballmannschaft (Handball-, Basketball-, ...), OP-Ärzte/Ärzteteam, Fanclub, Band/Musikgruppe/Orchester, Familie, Reisegruppe, Konfirmandengruppe, Artistengruppe, Mensch im Umgang mit Tieren, Mannschaft auf einem Schiff, politische Partei, Kollegium, Kartenspieler, Tänzer, Soldaten, Mönche, Bauarbeiter, ...

Ende

Gruppenarbeit I *Anlage 1, Teil 1*

Frederic in der Schule

Frederic hatte es gut gehabt, so meinten viele. Als er vier Jahre alt war, fanden seine Eltern es sei nun an der Zeit sich die Welt anzuschauen. Sie gaben kurzerhand ihre Berufe auf, kündigten die Wohnung und kauften von ihrem ersparten Geld eine Segelyacht. Damit brachen sie auf und lernten viele Länder und Völker kennen.

Frederic wurde von seiner Mutter unterrichtet. Er konnte lesen, schreiben und rechnen. Er wusste viel über Länder, Menschen, Tiere und Pflanzen, über Sonne, Mond und Sterne, über das Wetter und das weite Meer ....
Wer möchte nicht auch so leben, werden einige jetzt vielleicht denken.

Aber eine Sache, die hatte er dabei jedoch überhaupt nicht gelernt und die bereitete ihm etliche Probleme gleich in der ersten Schulwoche. Es kam nämlich so, dass seine Familie genug vom Segeln hatte und er im Alter von 10 Jahren in die Albert-Einstein-Realschule (nach Reutlingen) kam.
Er hatte bis dahin mit der Schule noch keine Bekanntschaft geschlossen.

Frederic betrat die 5b, setzte sich auf einen freien Stuhl in der ersten Reihe, machte es sich bequem und legte erst einmal die Füße auf den Tisch. Die Mitschüler grinsten. Als Herr Braun, sein neuer Klassenlehrer, auf ihn zutrat und ihm die Hand zur Begrüßung ausstreckte, erwiderte Frederic, ohne seinen Lehrer anzusehen, nur ein leises „Hallo“. Dann begann der Unterricht. Laut gähnend stand Frederic auf, pellte eine Banane, biss herzhaft hinein und suchte danach den Abfalleimer, um die Schale zu entsorgen. Auf den Hinweis seines Klassenlehrers: “Es ist doch noch keine Pause“, zuckte er nur mit den Schultern und entgegnete: „Ich habe aber jetzt Hunger und nicht in 30 Minuten“. Die Klasse fand ihn super cool. Endlich war mal richtig was los, Unterhaltung pur !!!

Herr Braun beendete die Episode, indem er alle Schüler das Mathebuch aufschlagen ließ und sie aufforderte, die neuen Matheaufgaben zu rechnen. Jetzt würde doch wohl Ruhe einkehren und mit seinem neuen Schüler wollte er gleich in der Pause mal ein ernsthaftes Wörtchen reden. Doch da kam es erneut zu einem Zwischenfall. Der Regen draußen war heftiger geworden. Die Tropfen prasselten mit Hagelkörnern vermischt gegen die Fensterscheibe, ein heftiger Sturm setzte ein. Sofort rannte Frederic ans Fenster, öffnete es, hielt die Hand in den Regen und prüfte die Windrichtung. Ein lautes Gejohle entstand unter den Klassenkameraden. Herr Braun mahnte zur Ruhe. Er forderte Frederic ernsthaft auf, seinen Platz einzunehmen und setzte sich neben ihn: „Du bringst hier alles durcheinander, zeig mir mal, ob du die Aufgaben überhaupt lösen kannst“, herrschte er ihn an. Doch Frederic hatte kein Heft, nicht einmal Papier zum Schreiben dabei.

Gruppenarbeit I *Anlage 1, Teil 2*

Herr Braun wurde wütend. Er kippte den Inhalt aus Frederics Schultasche auf den Tisch, das ganze Chaos in seiner Tasche wurde sichtbar: Einen abgebrochenen Bleistift, viele Butterbrote, etwas zu trinken, eine abgeknickte Blume, Streichhölzer, ein kleines Segelboot sowie einen Kompass führte er mit sich. Frederic verstand nicht, was er falsch machte. Auch die nächsten Tage wurden nicht besser für ihn. Mit seinem Verhalten eckte er ständig an, er konnte sich einfach nicht an die Regeln des schulischen Miteinanders gewöhnen. Wenn er im Unterricht etwas wusste, rief er die Antwort einfach in die Klasse hinein. Die anderen wurden zunehmend saurer auf ihn, weil er ihnen die Antworten einfach vorwegnahm und sie keine Chance hatten, selbst zu antworten. „Der bekommt ein Sonderrecht“, protestierten sie. „Hier in der Klasse sind aber 28 andere Schüler, die auch zu ihrem Recht kommen wollen“.

Frederic hatte einfach keine Geduld, er konnte nicht abwarten und auf andere keine Rücksicht nehmen. Dies wurde besonders deutlich, als Frau Reimer, die Deutschlehrerin, die Klasse bat, in 4er-Gruppen ein Rätsel zum Thema „Das Meer“ zu lösen. Als die Gruppen endlich zusammensaßen, konnte die Arbeit beginnen. Frederic zog das Rätsel, welches in der Mitte des Tisches lag, sofort an sich. „Zeigt mal her“, schrie er laut, nahm einen Stift und füllte alles aus. Dazu rief er laut in die Klasse hinein. Die anderen aus der Gruppe sagten nichts. Schließlich waren sie froh, nichts tun zu müssen und außerdem war Frederic ja auch Fachmann auf diesem Gebiet. Er würde schon schnell zu einer richtigen Lösung kommen und dann bekamen sie alle einen Pluspunkt von Frau Reimer.

Als alle aus der Klasse fertig waren, ermittelte Frau Reimer per Los, wer aus den einzelnen Gruppen die Ergebnisse vortragen sollte. Aus Frederics Gruppe fiel das Los auf Anne. Sie hatte natürlich nicht viel mitbekommen und stellte die Rätselergebnisse nur mangelhaft vor. Frederic nervte dies, immer wieder fuhr er dazwischen und fiel ihr ins Wort. Die anderen aus der Gruppe waren sauer. In der Pause gab es eine heftige Auseinandersetzung zwischen den Beteiligten, weil sie einen Minuspunkt bekommen hatten. Sie machten Frederic für alles verantwortlich. Anne sagte: „Ich will dir mal was sagen, so geht das mit dir nicht weiter“, dann listete sie eine ganze Reihe von Punkten auf, die ihr an Frederics Verhalten nicht gefielen. Die anderen pflichteten ihr bei. „Was kann ich denn besser machen“, fragte Frederic. „Es ist doch ganz einfach, du solltest …“, sagte Anne.

Aufgaben:

⇨ Lest Euch den Text genau durch und unterstreicht mit einem farbigen Stift, was Frederic falsch macht.

⇨ Welche Tipps gibt Anne ihrem Klassenkameraden? Notiert sie.

Gruppenarbeit I *Anlage 2*

Beobachtungsbogen

		ja	nein	Kommentare
1	Ich konnte immer ausreden.			Wenn nein, wann und warum nicht?
2	Ich habe die anderen ausreden lassen.			Wenn nein, wann und warum nicht?
3	Ich habe zugehört, ohne Zwischenkommentare zu geben.			Wenn nein, wann und warum nicht?
4	Mir wurde zugehört, ohne Zwischenkommentare zu geben.			Wenn nein, wann und warum nicht?
5	Ich habe so leise gesprochen, dass die anderen Gruppen nicht gestört wurden.			Wenn nein, wann und warum nicht?
6	Unsere Gruppe konnte arbeiten, ohne von den anderen gestört zu werden.			Wenn nein, wann und wodurch wurdet ihr gestört?
7	Es waren alle an der Gruppenarbeit beteiligt.			Wenn nein, warum nicht?
8	Es ging immer um das Thema.			Wenn nein, warum nicht?
9	Ich wurde abgelenkt.			Wenn ja, wodurch?
10	In der Gruppe wurde jemand ausgelacht oder ausgeschlossen.			Wenn ja, warum?

GRUPPEN-ARBEIT II

Anke Hippe-Schuster, Marion Hölscher, Susanne Rave, Joachim Blombach, Christine Fricke

5 Unterrichtsstunden

Ziele und Überblick

- **Einführung der Regeln von Gruppenarbeit**
- **Verteilung und Erprobung von Rollen innerhalb einer Gruppe**
- **Erkennen des Sinns und der Effektivität von Gruppenarbeit**

Kooperative Lernform:
- ***Numbered-Heads-Together***

A	10 Min.	**Einstieg**	Wiederholung der Inhalte von Baustein 1
B	30 Min.	**Experiment 1**	Individuelles Lernen im Vergleich zum kooperativen Lernen
C	30 Min.	**Experiment 2**	Lösung von Knobelaufgaben in Einzel- und Gruppenarbeit
D	25 Min.	**Erarbeitung 1**	Merkmale effektiv arbeitenderGruppen
E	10 Min.	**Erarbeitung 2**	Übernahme von Rollen in einer Gruppe
F	55 Min.	**Anwendung**	Übung regelgebundener Gruppenarbeit
G	45 Min.	**Auswertung**	Selbstreflexion

Einleitung

Nachdem die Schüler im ersten Baustein grundlegende Gesprächsregeln sowohl für ein effektives Miteinander im Klassenverband als auch in Gruppen erarbeitet haben und für das Thema „Teamarbeit in unserer Gesellschaft" sensibilisiert worden sind, dient der vorliegende Baustein zur Erweiterung und Vertiefung dieser Thematik.
So werden die Schüler am Anfang durch Experimente dafür sensibilisiert, dass Gruppenarbeit häufig effektiver und auch emotional befriedigender als Einzelarbeit sein kann, wenn es darum geht, Probleme zu lösen. Dabei erfahren sie auch, dass jeder über unterschiedliche Fähigkeiten und Fertigkeiten verfügt, die man zusammen erfolgreich einsetzen kann. Die Wertschätzung eines Schülers wird dabei positiv unterstrichen.
Zudem lernen die Schüler, dass es hilfreich ist, wenn in der Gruppe neben der eigentlichen Aufgabe jeder gleichzeitig eine unterschiedliche Rolle übernimmt. Damit werden sich ergänzende Verantwortlichkeiten an verschiedene Gruppenmitglieder verteilt. Diese werden benötigt, damit die Gruppenaufgabe in ihrer Gesamtheit zuverlässig ausgeführt werden kann. Gleichzeitig erfahren sie, dass Gruppenarbeit dann erfolgreich ist, wenn jeder in der Gruppe persönliche Verantwortung für den Arbeitsprozess übernimmt (z. B. Zufallsauswahl einzelner Schüler aus einem Team für die Präsentation des Gruppenergebnisses, jedes Gruppenmitglied übernimmt einen Teil der Präsentation). Schließlich geht es auch darum, Schüler zu ersten Formen der Fremd- und Selbstbewertung ihrer Gruppenarbeitsprozesse zu führen.

Materialliste

- Anlage 1 Zuordnungskarten
- Anlagen 2a/b Knobelaufgaben (Klassensatz)
- Anlage 3 Aufgabenverteilungen in einer Gruppe (Folie)
- Anlage 4 Symbolkarten für die Aufgabenverteilung in einer Gruppe
- Anlage 5 Wie war die Gruppenarbeit?
- Anlage 6 Evaluationszielscheibe
- Plakate, Folienstifte
- Eddings
- Klebepunkte (3 pro Schüler)

Planungsverlauf

A 10 Min. Einstieg

Anlage 1: Zuordnungskarten

Begrüßung und kurze Wiederholung der Inhalte des ersten Schwerpunkttages zur Gruppenarbeit. Die Schüler ordnen die Bilder den Texten zu. Anschließend werden die Inhalte und Ziele des heutigen Tages bekannt gegeben.

B 30 Min. Experiment 1

Individuelles Lernen versus kooperatives Lernen: Wie fühle ich mich dabei?

Lehrer: „Wir machen einen kleinen Wettbewerb. Der Erste wird einen Gewinn erhalten (z. B. hausaufgabenfrei nach Wunsch, Sticker usw.).
Schreibt so schnell wie möglich zehn Dinge auf, die blau und rund sind. Sobald der Erste fertig ist, müssen alle stoppen. Es geht los!"

In **Einzelarbeit** lösen die Schüler die Aufgabe. Wichtig: Der Charakter eines Wettbewerbs sollte deutlich spürbar sein. Sobald der erste Schüler die Aufgabe gelöst hat, müssen alle anderen aufhören. Es wird nun verglichen, der Sieger erhält den Preis. Daran schließt sich eine Reflexion im Unterrichtsgespräch an.
Lehrer: „Wie habt ihr euch beim Lösen der Aufgabe gefühlt?" (Mögliche Antworten: *aufgeregt, fühlte mich unter Druck, wollte unbedingt der Erste sein, konnte mich nicht konzentrieren, war nervös* usw.). Die Antworten werden vom Lehrer auf Flipchart/Tafel festgehalten (s. C).

Nach dem Zufallsprinzip werden 4er-Gruppen gebildet.
Lehrer: „Zusammen in der Gruppe sollt ihr in vier Minuten acht Möglichkeiten benennen, wie man Schüler dazu bringen kann, dass sie regelmäßig ihre Hausaufgaben machen."
Die Aufgabe wird in **Gruppenarbeit** durchgeführt. Nach Beendigung der Aufgabe werden Ergebnisse verschiedener Gruppen vorgestellt. Auch hier schließt sich eine Reflexion als Klassengespräch an, wie sich die Schüler beim Lösen der Aufgabe *gefühlt* haben (z. B. es hat Spaß gemacht, wir haben

uns gegenseitig geholfen, ich fühlte mich nicht allein, war nicht nervös). Auch diese Äußerungen werden auf Flipchart/Tafel festgehalten (s. C). Ein erstes Fazit aus dem Vergleich der beiden Arbeitsformen bezüglich des eigenen Gefühls schließt sich an.

C 30 Min. Experiment 2

Anlagen 2 a/b: Knobelaufgaben

Im nächsten Schritt wird die Klasse – bis auf fünf Schüler, die einzeln arbeiten sollen – erneut in 5er-Gruppen nach dem Zufallsprinzip eingeteilt. Die fünf Einzelarbeiter bilden im folgenden Experiment die Kontrollgruppe.
Alle Schüler erhalten das Arbeitsblatt und den Arbeitsauftrag, die Aufgaben gemeinsam in der Gruppe bzw. in Einzelarbeit zu lösen. Dazu haben sie 15 Minuten Zeit, nach denen die Arbeit beendet wird. (Wichtig!). Anschließend erfolgt die Auflösung der Knobelaufgaben im Unterrichtsgespräch.
Reflexionsphase: Wie sind wir bei der Arbeit vorgegangen? Wie viele Aufgaben konnten die Gruppen bzw. Einzelarbeiter lösen? Welche Arbeitsform war erfolgreicher, schneller usw. …? Warum?

Mögliches Tafelbild/Flipchart

	Einzelarbeit	**Gruppenarbeit**
Welche Gefühle und Gedanken hatte ich?	Ich war unter Druck. Ich fühlte mich einsam. Ich fühlte mich allein. Ich war aufgeregt. Ich war unkonzentriert. Ich wollte der Erste sein.	Miteinander macht stark. Ich war konzentriert. Ich war gelassen. Mir wurde geholfen. Ich hatte Spaß.
Wie habe ich die Aufgaben bewältigt?	Ich hatte wenig Ideen. Ich musste lange nachdenken. Ich habe einseitig gedacht.	Ich hatte vielfältige Ideen. Wir haben uns ergänzt. Gemeinsam ging es schneller.

Fazit:
In der Regel können (umfangreichere) Aufgaben in der Gruppe besser und schneller gelöst werden als in Einzelarbeit, da man sich gegenseitig unterstützen, sich die Aufgaben teilen kann, unterschiedliche „Spezialisten" vorhanden sind. Zudem macht die Arbeit in der Gruppe mehr Spaß.

D 15 Min. Erarbeitung 1

A)
Lehrer: Überleitung zu Mannschaftssportarten. Wer kennt welche? Wer spielt selbst in einer Sportmannschaft? usw.

Aufgabe:
Lehrer: „Welche Aufgaben (Aufgabenbereiche) gibt es beim Fußball?"
a) Jeder überlegt sich in Einzelarbeit, welche Aufgabenbereiche es gibt (Zeit: 30 Sekunden bis 1 Minute).
b) Anschließender Austausch in Partnerarbeit, Ergänzungen werden notiert (ca. 3 Minuten).
c) Zwei Partnerpaare erläutern sich gegenseitig ihre Ergebnisse.

Methode: Schneeballprinzip (ggf. hier erläutern) oder Think-Pair-Share

B)
Gemeinsame Auswertung, Ergebnisse werden an der Tafel notiert: z. B. Torwart, Trainer, Mittelstürmer, Teamchef

C)
Transfer auf die Sozialform *Gruppenarbeit.*

Aufgabe:
„Bitte überlegt zusammen mit eurem Partner, welche Gemeinsamkeiten eine gute Fußballmannschaft und eine gut arbeitende Gruppe in der Klasse haben".
In Partnerarbeit suchen Schüler nach Gemeinsamkeiten, die im anschließenden Unterrichtsgespräch ausgewertet werden.

E 10 Min. Erarbeitung 2

Anlage 3: Aufgabenverteilungen in einer Gruppe

Im gelenkten Unterrichtsgespräch wird, ausgehend von den einzelnen Rollen in einer Fußballmannschaft und den bisherigen Erfahrungen in Gruppenarbeit, überlegt, welche möglichen speziellen Rollen und Aufgaben in einer Gruppe übernommen werden könnten/müssten. Vorschläge werden an der Tafel gesammelt. Unabhängig von ihrer Rolle arbeiten die Schüler am Thema weiter.
Der Tafelanschrieb oder eine Folie (Anlage 3) wird von den Schülern (ggf. stichwortartig) abgeschrieben oder als Arbeitsblatt ausgeteilt:

Regelbeobachter: Sorgt dafür, dass keine Störungen auftreten; achtet darauf, dass die Lautstärke gemäßigt bleibt.
Zeitnehmer: Überwacht die Zeiteinteilung.
Gesprächsleiter: Achtet darauf, dass jeder in die Arbeit einbezogen wird und sorgt dafür, dass alle beim Thema bleiben und nicht abschweifen.
Materialmanager, ggf.: Kümmert sich um die Materialien, die für die Durchführung der Gruppenarbeit nötig sind; holt sie, bringt sie wieder in ordentlichem Zustand und vollzählig zurück.
Schreiber/Zeichner, ggf.: Bereitet Plakat zur Präsentation auf.

Anmerkung: Auf die Rolle des Präsentators und des Protokollanten wurde verzichtet, um dem Prinzip der persönlichen Übernahme von Verantwortung – als ein Element der fünf Basiselemente des kooperativen Lernens – Rechnung zu tragen. Danach fühlt sich jedes Gruppenmitglied sowohl für die eigenen als auch die Gruppenlernprozesse verantwortlich und ist in der Lage, als Repräsentant seiner Gruppe das Gruppenergebnis grundsätzlich optimal vorzutragen.

F 65 Min. Anwendung

Anlage 4: Symbolkarten für die Aufgabenverteilung in einer Gruppe sowie Poster, Eddings

In der folgenden Simulation sollen die Schüler alle bisher erarbeiteten Aspekte zur Durchführung einer erfolgreichen Gruppenarbeit anwenden (Gesprächsregeln einhalten, Rollen in der Gruppe verteilen, Zeitplan erstellen und einhalten, jeder kann das Gruppenergebnis präsentieren).

Aufgabe (5er-Gruppen nach Zufallsprinzip):
„Ihr seid jetzt seit einem drei viertel Jahr an der Realschule Enger und habt schon viele neue Dinge gesehen und erfahren. Stellt euch vor, ihr sollt eure ehemalige Grundschule besuchen und dort die Realschule Enger vorstellen. Bereitet in eurer Gruppe den Besuch vor. Sammelt gemeinsam Ideen, was ihr alles über die Realschule sagen könnt und wollt, ordnet eure Ideen, bringt sie auf einem Poster zu Papier, sodass ihr sie später vor den Grundschülern präsentieren könnt.
Achtung: Für diese Aufgabe habt ihr genau 30 Minuten Zeit. Verteilt die einzelnen Rollen untereinander. Jeder Schüler erhält für die ihm zugeordnete Rolle als Erinnerungsstütze eine Symbolkarte, die er bei der Gruppenarbeit vor sich stellt.
Wichtig: Jeder in der Gruppe muss am Ende das Gruppenergebnis vorstellen können."

a) Durchführung
b) Präsentation einzelner Gruppenergebnisse. Lehrer wählt den Präsentator nach dem Prinzip des *Numbered-Heads-Together* aus.

G 45 Min. Auswertung

Anlage 5: Wie war die Gruppenarbeit?

Die Schüler füllen zunächst in Einzelarbeit ihrer persönlichen Beobachtung und Einschätzung entsprechend den Reflexionsbogen aus.

Anschließend vergleichen sie gemeinsam ihre individuellen Einschätzungen, um sich schließlich auf ein gemeinsames Ergebnis zu einigen, wie ihre Gruppenarbeit gelaufen ist. Die einzelnen Gruppen stellen kurz ihr Fazit vor (Zufallsprinzip nach dem Prinzip von Numbered-Heads-Together wie in Schritt F). Es erfolgt ein Unterrichtsgespräch über das Ergebnis. Folgendes Fazit wird auf einem Plakat festgehalten, welches in der Klasse verbleibt und von den Schülern abgeschrieben wird.

Gruppenarbeit führt in der Regel zu besseren Ergebnissen als Einzelarbeit. Folgendes muss in der Gruppenarbeit beachtet werden:
- Alle beteiligen sich an der Gruppenarbeit.
- Alle hören vor dem Beginn der Gruppenarbeit genau auf die Arbeitsanweisungen.

- Alle bleiben am Thema.
- Jeder lässt den anderen ausreden.
- Wir helfen uns gegenseitig.
- Vor Beginn der Gruppenarbeit werden die Rollen (Zeitnehmer, Regelbeobachter, Gesprächsleiter, Materialmanager, Zeichner/Schreiber) festgelegt.
- Es muss ein Zeitplan beachtet werden.
- JEDER ist für ein gutes Gruppenergebnis verantwortlich.
- Am Ende fassen wir unsere Beiträge/unser Arbeitsergebnis zusammen.
- Jeder muss in der Lage sein, das Gruppenergebnis vorzustellen.
- Alle beteiligen sich am Aufräumen und richten die Arbeitsplätze wieder her.

Ende und Bewertung

Anlage 6: Evaluationszielscheibe

Die Schüler bewerten den Schwerpunkttag durch Bepunktung anhand einer Evaluationszielscheibe. Dabei stehen jedem Schüler 3 Klebepunkte zur Verfügung. Der Lehrer erläutert den Ablauf: Es gibt drei Bereiche einzuschätzen:

1. Der Tag hat mir gefallen.
2. Ich habe Neues erfahren.
3. Ich kann in der Gruppe die unterschiedlichen Aufgaben (Rollen) erfüllen.

Gruppenarbeit II *Anlage 1, Teil 1*

Wir lassen uns gegenseitig ausreden.

Wir halten die vorgegebene Zeit ein.

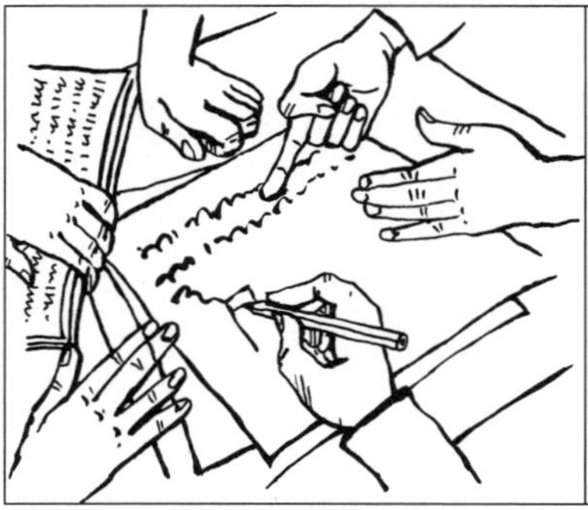

Wir helfen uns gegenseitig.

Gruppenarbeit II *Anlage 1, Teil 2*

Alle arbeiten mit.

Alle halten Blickkontakt zueinander.

Unser Material liegt bereit.

Gruppenarbeit II *Anlage 2a, Teil 1*

Knobelaufgaben

1. Ergänze die fehlenden Wörter wie im Beispiel.

Beispiel:

Spiel
Stand
Taschen
Wand
→ **Uhr**

a)

Lack
Kinder
Tennis
Damen
→ ______

b)

Brot
Taschen
Zeit
Fisch
→ ______

c)

Schach
Kinder
Karten
Tennis
→ ______

d)

______
______
______
______
→ **Bahn**

e)

______
______
______
______
→ **Halle**

2. Wie lautet die nächste Zahl?

a) 4 / 6 / 9 / 13 / 18 / ?

b) 16 / 15 / 30 / 10 / 8 / 24 / ?

c) 20 / 22 / 16 / 18 / 13 / 15 / ?

3. Wie heißt der nächste Buchstabe?

A / E / I / M / ?

Gruppenarbeit II — *Anlage 2a, Teil 2*

4. Satzgeflecht

Zwei Sätze sind miteinander verflochten. Die Reihenfolge der Wörter blieb unverändert. Wie lauten die Sätze?

KEINERDARAUFKANNALLESKOMMTABERESJEDERKANNANETWAS

1. Satz ______________________________

2. Satz ______________________________

5.a) Der Tag, der vor vorgestern lag, liegt drei Tage nach Sonntag. Welcher Tag ist heute?

a) Sonntag b) Dienstag c) Donnerstag d) Freitag e) Samstag

5.b) Heute ist Samstag. Welcher Tag ist in 4 Tagen seit gestern?

a) Sonntag b) Montag c) Dienstag d) Mittwoch e) Donnerstag

***6. Welche Figur gehört an die Stelle des* ? ?**

6.a)

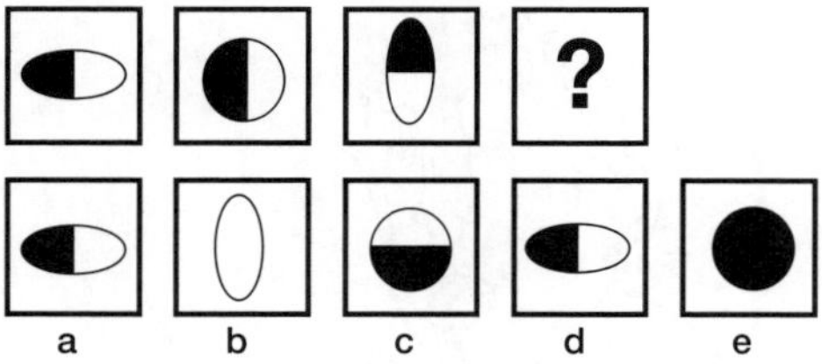

6.b)

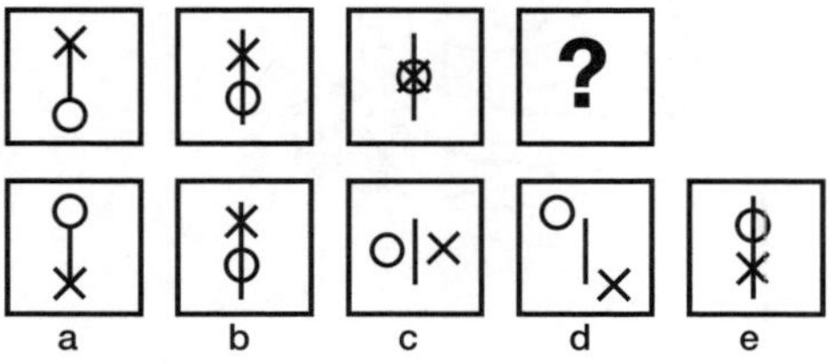

Aufgabe:

Der Regelbeobachter

- sorgt für die Einhaltung der Gesprächsregeln.

Regelbeobachter

Gruppenarbeit II *Anlage 4b*

Aufgabe:

Der Zeitnehmer

- muss sich um einen Zeitplan kümmern,
- muss die Einhaltung des Zeitplans überwachen.

Zeitnehmer

Gruppenarbeit II *Anlage 4c*

Aufgabe:

Der Gesprächsleiter

- achtet darauf, dass jeder in die Arbeit einbezogen wird,
- sorgt dafür, dass alle beim Thema bleiben und nicht abschweifen,
- fasst das Ergebnis am Ende der Gruppenarbeit zusammen.

Gesprächsleiter

Gruppenarbeit II *Anlage 4d*

Aufgabe:

Der Materialmanager

- kümmert sich um die Materialien, die für die Durchführung der Gruppenarbeit nötig sind,
- holt sie, bringt sie wieder in ordentlichem Zustand und vollzählig zurück.

Materialmanager

Aufgabe:

Der Schreiber / Zeichner

- bereitet Plakat zur Präsentation auf.

Schreiber/Zeichner

Gruppenarbeit II *Anlage 6*

Evaluationszielscheibe

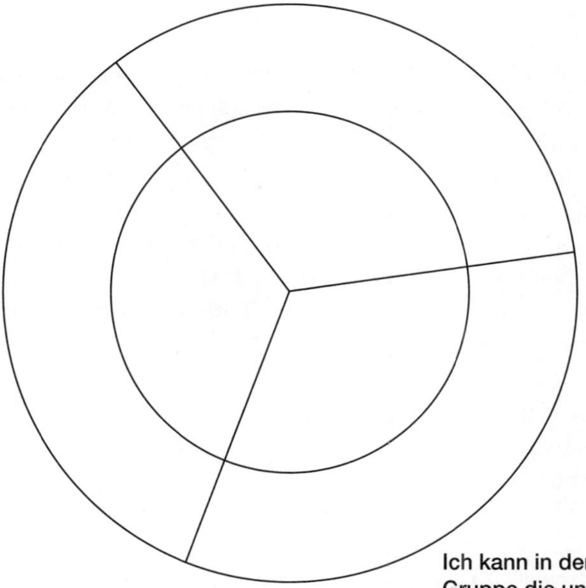

MÜNDLICHE MITARBEIT II

Sonja Gerland-Péus

5 Unterrichtsstunden

Ziele und Überblick

- **Auseinandersetzung mit der Darstellungsform Statistik und Erarbeitung des abgebildeten Umfrageresultats aus Klasse 5**
- **erkennen, dass Redeängste unterschiedliche Ursachen haben, jedoch die Sorge etwas Falsches zu sagen bzw. vor einer Gruppe nicht reden zu wollen überwiegt**
- **Stärkungsstrategien entwickeln und aneignen, die helfen diese Redehemmer abzubauen bzw. zu beseitigen**
- **auf der Basis unterschiedlicher Redeanlässe üben frei vor anderen zu sprechen**

Kooperative Lernformen:
- ***Murmelgespräch***
- ***Think-Pair-Share***

A	10 Min.	**Einstieg**	Inhalt des letzten Schwerpunkttages *Mündliche Mitarbeit I* noch einmal kurz in Erinnerung rufen und damit eine Brücke zum aktuellen Thema bauen.
B	40 Min.	**Problem-beschreibung/ -präsentation**	Auseinandersetzung mit dem Ergebnis der Umfrage, Vertiefung mithilfe von Fragen, Vorstellung und Besprechung der Ergebnisse

C	60 Min.	**Strategie-entwicklung**	Lösungsansätze erarbeiten und diese für die Präsentation verständlich und anschaulich darstellen.
D	40 Min.	**Strategie-präsentation**	Vorstellung und Bewertung der Gruppenergebnisse
E	40 Min.	**Redespiele**	Erläuterung und Umsetzung der Redespiele Zusammentreffen und Austausch über die gemachten Erfahrungen
F	15 Min.	**Persönliche Konsequenzen**	Auf der Basis der unter E erarbeiteten Strategien ein persönliches Vorhaben formulieren.
G	20 Min.	**Feedback**	Rückmeldung zum Inhalt und Ablauf des Schwerpunkttages

Einleitung

Dieser zweite Teil zum Thema mündliche Mitarbeit basiert auf einer Schülerbefragung im zweiten Halbjahr der fünften Klasse (s. S. 36). Die Schüler erhalten nun die Möglichkeit, die bis dato gemachten Erfahrungen abzurufen und zu bündeln. Hierbei geht es vorwiegend um die positiven Erlebnisse. Durch den Fragebogen wird aber auch (Schreib-) Raum gegeben, um eventuelle Hemmnisse hinsichtlich einer mündlichen Beteiligung darstellen zu können. Mit der Sammlung dieser aktuellen, lerngruppenspezifischen Barrieren arbeiten die Schüler in diesem Baustein. Fehlt Zeit für die Auswertung des Fragebogens, lässt sich mit der vorliegenden Statistik arbeiten, auch wenn das Ergebnis nicht unbedingt repräsentativ ist.
Ziel ist es, dass sie anhand des vorliegenden Umfrageresultats erkennen, dass sie mit ihrem „Redehemmnis“ nicht allein sind. Vielmehr teilen viele unter ihnen ähnliche Sorgen, beispielsweise bei einer eventuellen „Falschantwort“ ausgelacht zu werden. Somit gilt als weitere Intention, dass Schüler sich „Stärkungsmechanismen“ aneignen, mit denen sie die unsicheren Redesituationen bewältigen können.

Verschiedene Redespiele schaffen Sprechanlässe, bei denen es um das freie Reden an sich geht. Im Schonraum einer kleinen Gruppe ergeht zum Beispiel an alle Mitglieder der Auftrag, eine Art Stegreifvortrag zu halten. Die zur Auswahl stehenden Themen (in Form von Bildern) werden frei gewählt, kein Gruppenmitglied ist hier Experte, alle tragen das gleiche Los. Durch die Konfrontation – nämlich vor anderen Personen einen Kurzvortrag zu halten – wird das Frustrationspotenzial des Schülers trainiert. In der Kleingruppe fällt es leichter, eventuelle Mängel wahr- und anzunehmen. Darüber hinaus geht es in dieser Kleinrunde um das Schaffen von Erfolgserlebnissen, damit gerade die „Redeangsthasen" auftauen, die positive Erfahrung konservieren und sich ermutigt fühlen, auch in anderen Situationen zu reden. Die Phase E kann dabei auch sehr gut separat eingesetzt werden, da die Spielformen zur Auflockerung bzw. zum Selbstzweck der Kommunikation an sich genutzt werden können.

Materialliste

▪ Anlage 1	Folie + Klassensatz
▪ Anlage 2	Folie + Klassensatz
▪ Anlage 3	Klassensatz
▪ Anlage 4	zehn Kopien
▪ Anlage 5	zehn Kopien (je nach Klassengröße)
▪ Anlage 6	eine Kopie DIN-A3
▪ Bilder	zehn verschiedene Versionen
▪ Bildergeschichten	zehn unterschiedliche Ausführungen
▪ Klebepunkte	zwei Klassensätze
▪ Plakate	
▪ Eddings	
▪ Folien	

Planungsverlauf

A 10 Min. Einstieg

Anlage 1: Folie Darstellung Unterricht

Mithilfe der Darstellung *Unterricht* wird noch einmal der Inhalt des letzten Bausteins Kommunikation (Mündliche Mitarbeit I – Klasse 5) wiederholt. Aus dieser kurzen Sammlungsphase heraus findet die Überleitung zum heutigen Thema statt. Der vor einiger Zeit von den Schülern ausgefüllte Fragebogen (Mündliche Mitarbeit I – Anlage 7) zur mündlichen Mitarbeit ist dabei der wesentliche Aufhänger, an den es zu erinnern gilt.

B 40 Min. Problembeschreibung und -präsentation

Anlage 2: Statistik Schülerbefragung

Zuerst wird die „Statistik" der Klasse als Folie präsentiert. Im kurzen Murmelgespräch beschreiben die Schüler kurz das Dargestellte und formulieren ggf. schon erste Auffälligkeiten. In einem knappen Plenumsgespräch werden Beiträge zur Darstellungsart und zum Inhalt gesammelt. Eine tiefer gehende Auseinandersetzung findet im zweiten Schritt statt. Dazu erhält jeder Schüler die Anlage 2 und ein Arbeitsblatt mit Orientierungsfragen, die die Auseinandersetzung erleichtern sollen.

Anlage 3: Umgang mit der Statistik – Hilfsfragen

Nachdem jeder Schüler in Einzelarbeit seine Ergebnisse zu Papier gebracht hat, findet ein Austausch mit dem Tischpartner statt. Ergebnisse werden vorgestellt und die Aufzeichnungen eventuell ergänzt. Im Anschluss daran erweitert sich die Austauschrunde um ein weiteres Partnerteam (Tischgruppe bei entsprechender Sitzordnung oder freie Wahl aus der unmittelbaren Nachbarschaft).

C 60 Min. Strategienentwicklung

Beim Betrachten der Befragungsergebnisse fallen zwei Nennungen deutlich ins Augen: Ich traue mich nicht etwas zu sagen, weil ich a)... *Angst habe etwas Falsches/Dummes zu sagen,* b)... *aufgeregt bin vor allen etwas zu sagen.* Es ist zu erwarten, dass die Schüler zur selben Erkenntnis gelangen, sodass die nun zu formulierenden Lösungsansätze sich konkret auf diese beiden Punkte konzentrieren. Diesbezüglich findet im Anschluss an den Ergebnisaustausch nach dem Think-Pair-Share-Verfahren aus der Phase B ein Unterrichtsgespräch statt, in dem diese beiden Hemmnisse noch einmal

benannt und an der Tafel (ggf. auf einem Plakat) festgehalten werden.
Im Rückgriff auf die Fragen 9 und 10 der Anlage 3 gilt es nun denkbare Lösungsansätze zu ermitteln. Dabei wird in 4er-Teams nach Wegen gesucht, wie man mit den vorliegenden Redehemmnissen konstruktiv umgehen kann. Das Ergebnis – also der gemeinsam entwickelte Lösungsvorschlag – soll in einer kreativen Form präsentiert werden. Vom Rollenspiel über den Comic bis hin zum Gedicht ist hierbei alles denkbar.

Anlage 4: Aufgabenstellung

Aufgabe für die Gruppenarbeit:
„Nachdem ihr das Problem erkannt und benannt habt, geht es nun darum, nach Lösungswegen zu suchen. Schließlich wollen wir ja alle spitzenmäßige mündliche Leistungen erbringen. Denkt also gemeinsam in der Gruppe über sinnvolle und umsetzbare Tipps und Tricks nach, wie man die beiden Hauptgründe für das Schweigen im Unterricht *bekämpfen* kann.
Euer Ergebnis sollt ihr dann in spezieller Form den anderen vorstellen. Ihr könnt euch zum Beispiel ein Rollenspiel ausdenken und es vortragen, ein Comic auf Folie oder in Riesenform auf Plakat wäre ebenfalls denkbar, auch ein Gedicht wäre möglich ... eurer Kreativität ist hier keine Grenze gesetzt. Bitte achtet unbedingt auf die Zeit: Ihr habt insgesamt 60 Minuten Zeit, also bis ...... Uhr."

D 40 Min. Strategiepräsentation

Die einzelnen Gruppen stellen ihre Ergebnisse vor. Dabei erhalten die Zuschauer den Auftrag, sich kurze Notizen zu den folgenden Punkten machen (Tafelanschrieb):
Beobachtungsschwerpunkte ...
- sinnvoller Tipp
- gut anzuwenden
- kreative Darstellungsform
- Sonstiges

Im Anschluss an die Vorstellungsrunde werden die Produkte ausgelegt bzw. aufgehängt (beim Rollenspiel wird stellvertretend ein Plakat mit Titel ausgestellt). So kann jeder Schüler die Ergebnisse noch einmal in Ruhe betrachten und abschließend über das Klebepunkteverfahren bewerten. Die Produkte mit der besten Schülerbewertung werden in der Klasse ausgestellt.

E 40 Min. Redespiele

Bevor die Klasse in 5-6er-Teams eingeteilt wird (freie Wahl, Losverfahren, Nummern ziehen o. Ä.) wird ihnen das erste (Rede-)Spiel erläutert. Dazu erhält jede Gruppe einen Stapel mit Bildergeschichten (z. B. Vater und Sohn). Diese werden in der Gruppe auf dem Boden oder auf einem Tisch ausgelegt, sodass jedes Gruppenmitglied die Darstellungen gut sehen kann. Nacheinander (damit es hier nicht zu Streitigkeiten kommt, kann sich die Reihenfolge beispielsweise aus den Anfangsbuchstaben des Vornamens oder aus den Geburtsmonaten ergeben) wählen die Teammitglieder eine Bildergeschichte aus, die sie persönlich anspricht. Nach der Wahl erhalten alle die Möglichkeit sich die Geschichte Bild für Bild anzuschauen – allerdings in absoluter Stille, keiner zeigt einem Gruppenmitglied etwas oder spricht zu ihm. Danach werden die Geschichten reihum den anderen Teammitgliedern erzählt. Die Vorlage darf dabei allerdings nicht zur Unterstützung eingesetzt werden, einzig mithilfe der Sprache muss versucht werden die Handlung und (vor allem) die Pointe zu vermitteln. Jeder ist folglich einmal Sprecher und fünfmal Zuhörer.
Im Anschluss an diese erste Spielphase setzt sich die Klasse im Stuhlkreis (damit es schneller geht ist auch ein Sitz- oder Stehkreis denkbar) zusammen. Über ein Blitzlicht werden gemachte Erfahrungen, Eindrücke, Bewertungen usw. thematisiert.

Die Organisation zum zweiten Spiel erfolgt gleichermaßen wie beim ersten Durchgang. Eine neue Gruppenbildung sollte im Fall der freien Gruppenwahl angestrebt werden. Wiederum bekommt jede Gruppe einen Stapel Abbildungen ausgehändigt. Diesmal handelt es sich allerdings weniger um Geschichten als um Einzeldarstellungen in Form von Momentaufnahmen. Postkartenmotive oder Kalenderbilder (Personenaufnahmen, Landschaftsdarstellungen o. Ä.) eignen sich hierfür sehr gut. Der weitere Ablauf vollzieht sich wie beim ersten Spiel.
Bei der zweiten Version beschreiben sie allerdings nicht ausschließlich, was sie sehen, sondern nutzen die Darstellung als Sprungbrett für eine eigene Geschichte. Mithilfe des Bildes können sie frei assoziieren, also beschreiben, was ihnen dazu einfällt (Urlaubserlebnis, Hobby eines Familienmitglieds, Wünsche für die Zukunft, Gefühle usw.) Auch hier wird wieder reihum fabuliert, allerdings muss jeder die Redezeit von mindestens 120 Sekunden ein-

halten. Wer darunter liegt, bekommt 10 Sekunden Strafzeit und muss seine Rede fortsetzen. Ein Zuhörer stoppt die Zeit.
Auch im Anschluss an diese Spielrunde setzt sich die Klasse wieder zu einem Gesprächskreis zusammen, um über ein Blitzlicht die gemachten Eindrücke und Gefühle den anderen mitzuteilen.

F 15 Min. Persönliche Konsequenzen

Ähnlich wie beim Schwerpunkttag *Mündliche Mitarbeit I* soll auch hier wieder jeder Schüler abschließend eine persönliche Konsequenz formulieren. Neben dem Vorhaben geht es diesmal allerdings auch um den Einsatz der an diesem Tag erarbeiteten Hilfen und „Redestrategien".

Anlage 5: Persönliche Konsequenzen

Die Schüler nutzen die Struktur der Vorlage und tragen ihr Ziel für die kommende Woche in die entsprechende Spalte. Damit der „gute Vorsatz" für diese Zeit auch präsent ist, dürfen alle – wie schon beim ersten Tag *Mündliche Mitarbeit* – ihren Zettel mit Klebeband auf den oberen Rand ihrer Tischfläche befestigen.

G 20 Min. Feedback

Anlage 6: Stimmungsbarometer

Mithilfe eines Stimmungsbarometers (Plakat und Klebepunkte) bewerten die Schüler den durchlaufenen Baustein. Im Anschluss daran bildet die Klasse um das Plakat einen Halbkreis (Sitz- oder Stuhlkreis). Jeder Schüler berichtet kurz, an welcher Stelle sein Bewertungspunkt gelandet ist und warum diese Position gewählt wurde.

Ende

Unterrichtssituation!?

Mündliche Mitarbeit II *Anlage 2*

Schülerbefragung Klasse 5

Ich traue mich nicht etwas zu sagen, weil ich …

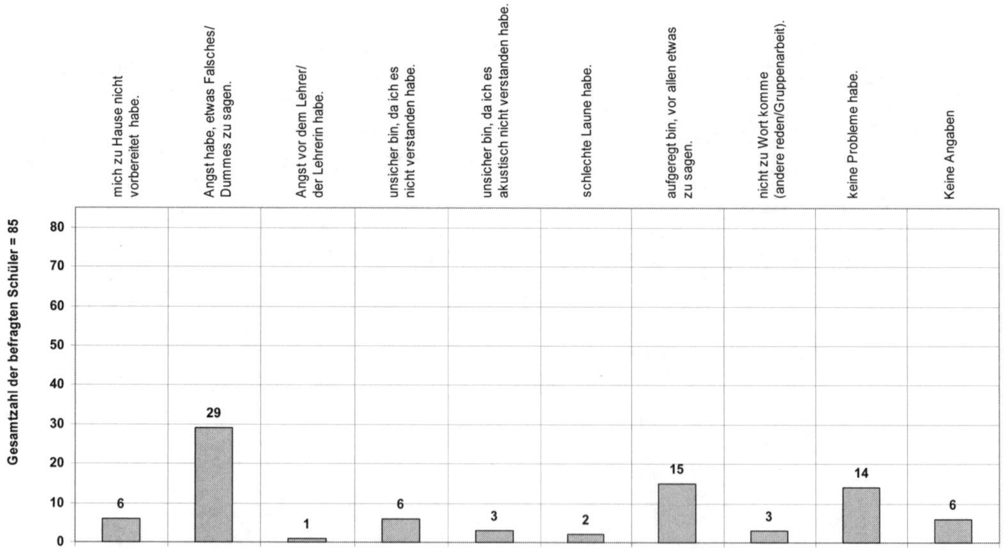

Bitte diese Vorlagen von der CD-ROM ausdrucken.

Hilfsfragen zum Erschließen der Statistik

⇨ Die folgenden Fragen helfen dir die vorliegende Statistik zu lesen und zu verstehen:

1. Um was geht es allgemein bei der Befragung?

2. Mit welcher speziellen Frage beschäftigt sich die Darstellung?

3. Wie viele Schüler und Schülerinnen haben insgesamt an der Befragung teilgenommen?

4. Wie viele von den Befragten begründeten ihr Nichtmelden mit schlechter Laune?

5. Wie viele Schüler und Schülerinnen machten bei dieser speziellen Frage gar keine Angaben?

6. Was nannten die meisten als Hinderungsgrund für die mündliche Mitarbeit?
Wie viele Schüler waren es hier, die diesen Grund angaben?

7. Welcher Grund liegt auf Platz zwei? Nenne auch hier die Zahl der derjenigen, die diese Begründung aufgeführt haben.

8. Welche Begründung fiel unter den Befragten insgesamt nur einmal?

Abschließend ...

9. Gibt es etwas, was dir bei der Statistik besonders auffällt?
Begründe deine Antwort bitte entsprechend.

10. Welche Schlussfolgerung ziehst du aus der Darstellung? Gibt es etwas, was man unbedingt ändern bzw. beibehalten sollte? Begründe auch diese Antwort.

Mündliche Mitarbeit II *Anlage 5*

Meine mündliche Mitarbeit

... Vorhaben von ______________________ für die nächste Schulwoche

Das nehme ich mir vor:	Mit diesem Tipp werde ich das Vorhaben erreichen:

Meine mündliche Mitarbeit

... Vorhaben von ______________________ für die nächste Schulwoche

Das nehme ich mir vor:	Mit diesem Tipp werde ich das Vorhaben erreichen:

Meine mündliche Mitarbeit

... Vorhaben von ______________________ für die nächste Schulwoche

Das nehme ich mir vor:	Mit diesem Tipp werde ich das Vorhaben erreichen:

Bitte diese Vorlagen von der CD-ROM ausdrucken.

Stimmungsbarometer

Bitte diese Vorlagen von der CD-ROM ausdrucken.

PRÄSENTATION LEICHT GEMACHT

Gisela Wibbing

6 Unterrichtsstunden

Ziele und Überblick

- **Reflexion und Erarbeitung verschiedener Präsentationskriterien**
- **Vorbereiten und Halten einer eigenen Präsentation**

Kooperative Lernform:
- ***Think-Pair-Share***

A	45 Min.	**Einstieg/ Problematisierung**	Inhalt und Verlauf des Schwerpunkttages, Analyse diverser Präsentationsbeispiele (Videodarstellung)
B	45 Min.	**Problembeschreibung**	Sammlung von Analysekriterien für eine Präsentation
C	20 Min.	**Reflexion**	Anhand einer gelungenen Präsentation die Kriterien reflektieren
D	90 Min.	**Erarbeitung**	Vorbereitung einer Einzelpräsentation
E	45 Min.	**Präsentation**	Schüler halten ihre Präsentation.
F	25 Min.	**Reflexion**	Reflexion der Schülerbeiträge durch die Mitschüler/Formulieren von Statements

Einleitung

Bereits in den unteren Klassen sind die Schüler aufgefordert ihre Arbeitsergebnisse vorzustellen oder kleine Referate zu halten. Darum bietet es sich an, ihnen auch schon in den unteren Jahrgangsstufen das Handwerkzeug für eine gute Präsentation bzw. einen guten Vortrag zu vermitteln.
Dieser Baustein soll den Schülern die Grundlagen für eine erste kleine Präsentation liefern, wie z. B. die Redegeschwindigkeit, der Blickkontakt während des Vortrags, ein interessanter Einstieg, ein abrundender Schluss usw. Diese Grundlagen dienen den Schülern als Orientierungshilfe bei der Vorbereitung. Gleichzeitig sind damit auch die Bewertungskriterien für die Schüler transparent, nach denen die Qualität eines Vortrags gemessen wird.

Materialliste

- Anlage 1 Video/CD (nur auf CD-ROM)
- Anlage 1 a Fotos mit Unterrichtsergebnissen (nur auf CD-ROM)
- Anlage 2 Klassensatz
- Eddings und Plakate

Planungsverlauf

A 45 Min. Einstieg/Problematisierung

Anlage 1: Video mit verschiedenen Präsentationsbeispielen (Beispiele 1–3)

Begrüßung und Vorstellung von Thema und Inhalt. Anschließend Vorführung von drei Präsentationsbeispielen.
Es wird immer wieder dasselbe Thema von derselben Person präsentiert. Allerdings wird die Präsentation variiert:
a) Darstellung ohne „Punkt und Komma“, Hin- und Hergeher, Ableser
b) Darstellung mit schlechtem Plakat (kleine Schrift, keine Bilder, unübersichtlich usw.), Rede zum Plakat, leise Stimme, Hände in den Taschen
c) Darstellung mit gutem Einstieg/Schluss, Plakat mit fortlaufendem Text, keine Hervorhebung von Schlüsselbegriffen usw.

Aufgabe:
„Macht euch zu den verschiedenen Beispielen Notizen!“
Die Schüler bekommen keine Ausdifferenzierung an die Hand, sondern sollen alles, was ihnen auffällt, notieren.

B 45 Min. Problembeschreibung (Think-Pair-Share)

Anlage 1a : Ergebnisbeispiel

Die angefertigten Notizen sollen nun zunächst in Einzelarbeit in „Dos und Dont's“ klassifiziert werden.

Aufgabe:
„Sortiert eure Notizen nun in zwei Kategorien: Dinge, die man bei einer guten Präsentation a)vermeiden bzw. b)berücksichtigen sollte.“
Dann sollen sich die Schüler mit ihrem Nachbarn über die Ergebnisse aus der Einzelarbeitsphase austauschen und ihre Aufzeichnungen ergänzen. Im Anschluss wird der Austausch noch einmal mit einem benachbarten Paar nach demselben Prinzip durchgeführt.
Die Auswertung findet dann in Form einer Stafettenpräsentation statt. Die Ergebnisse werden an der Tafel festgehalten. Die gesammelten Kriterien werden anschließend von den Schülern abgeschrieben. Möglicher Erwartungshorizont sind u. a. Beiträge zu folgenden Punkten:
- Blickkontakt
- Redegeschwindigkeit
- Lautstärke
- Körperhaltung
- angemessenes Visualisierungsmaterial
- interessanter Einstieg
- abrundender Schluss
- freies Sprechen
- Redenotizen auf Stichwortzettel

In Anlage 1a befindet sich das Ergebnis einer 6. Klasse.

C 20 Min. Reflexion

Anlage 1: Video (Beispiel 4)

Bei der Darstellung einer vorbildlichen Präsentation sollen die Schüler überprüfen, ob alle „Dos" der Präsentation umgesetzt worden sind.

Aufgabe:
„Überprüft, ob alle Aspekte einer guten Präsentation umgesetzt worden sind. Nehmt dazu euren Kriterienkatalog zu Hilfe."
Die Auswertung findet im Klassengespräch statt.

D 90 Min. Erarbeitung

Für diese Phase sollten den Schülern diverse Themen zur Bearbeitung zur Verfügung gestellt werden. (Hinweis: Als Inhalte können Themen aus dem direkten Unterrichtszusammenhang gewählt werden, es bieten sich aber auch Themen aus „Was ist was"-Büchern o. Ä. an.)
Wir haben als Grundlage das Unicef-Buch „Kinder aus aller Welt" gewählt, da dieses Buch die Möglichkeit bietet, die Kinder eines Kontinents zunächst einzeln vorzustellen, im Anschluss aber zu einem Ganzen zusammenzufügen. Darüber hinaus bietet das Buch eine gute Möglichkeit binnendifferenziert zu arbeiten, da die Texte unterschiedlich lang sind.
Die Schüler sollen nun einen eigenen Vortrag vorbereiten, bei dem folgende Vorgaben gelten:

- Einzelerarbeitung
- zwei Schulstunden als Zeitrahmen für die Vorbereitung (dabei muss sowohl der Inhalt erarbeitet als auch die Präsentation geübt werden)
- Jeweils 4 oder 5 Schüler, die zu einem Oberthema einzelne Unterthemen erarbeitet haben, stellen sich gegenseitig ihre Präsentationen vor und geben in der Gruppe mithilfe des Feedbackbogens eine Rückmeldung.
- Hinweis: Vortragsqualität beinhaltet sowohl den Inhalt als auch die Vortagstechnik.
- Zum Abschluss wird aus jeder Gruppe der beste Präsentator seinen Vortrag der Gesamtklasse vorstellen.

E 45 Min. Präsentation

Anlage 2: Feedbackbogen

Vorweg werden die Feedbackbögen ausgeteilt und kurz erklärt. In der Spalte „Gruppe" ist jeweils der Gruppennamen (z. B. Afrika, Europa) zu ergänzen.

Dann hält jeder seinen Vortrag. Im Anschluss wird der Bogen ausgefüllt und dem Vortragenden so ein direktes Feedback gegeben.

F 25 Min. Reflexion

Im Klassengespräch wird noch einmal festgehalten, welche Punkte der oben gesammelten Kriterien schon gut gelungen sind und welche noch verbessert werden müssen.
Dann können die besten Vorträge noch einmal im Klassenverband präsentiert werden.
Im Anschluss formuliert jeder Schüler für sich ein Statement mit seinen persönlichen Konsequenzen aus diesem Tag.
Satzanfang: „Bei meiner nächsten Präsentation achte ich besonders auf ..."
In der Tischgruppe werden diese Statements den anderen vorgestellt und die Gruppe äußert ihre Meinung dazu, ob dieses Statement den Aspekt, der als Nächstes beachtet werden muss, aufgreift. Ansonsten können Korrekturen noch vorgenommen werden.
In einem weiteren Schritt sucht sich jeder für die nächste Präsentation einen Paten, der die Einhaltung des persönlichen Schwerpunkts überprüft und eine entsprechende Rückmeldung gibt.

Ende

Bitte diese Vorlagen von der CD-ROM ausdrucken.

Präsentation leicht gemacht — *Anlage 2*

Feedbackbogen

Gruppe: ______________________

Namen der Gruppen-mitglieder	interessanter Einstieg?	langsam, laut, deutlich gesprochen?	frei gesprochen (nur Rede-notizen)?	Plakat/Folie gut zu lesen und gut gestaltet?	Zuhörer angesehen?	gute Zusammen-fassung?

EINFACH REDEN UND ZUHÖREN!?

Sonja Gerland-Péus

6 Unterrichtsstunden

Ziele und Überblick

- **Auseinandersetzung mit (kontextabhängigen) sprachlichen Diskrepanzen hinsichtlich Aussage und Wirkung und den damit verbundenen Missverständnissen**
- **Erarbeitung und Auseinandersetzung mit Sachinformationen, die das Phänomen des sprachlichen Missverständnisses erklären**
- **Anwendung des Wissen anhand von Fallbeispielen (bzw. -aussagen)**
- **Transfer der erworbenen Kenntnisse hinsichtlich des eigenen Sprachverhaltens**

Kooperative Lernformen:
- ***Murmelgespräch***
- ***Verabredung (Appointment)***
- ***Partnercheck***
- ***Think-Pair-Share***
- ***Doppelstuhlkreis***

A	10 Min.	**Einstieg**	Inhalt und Verlauf des Schwerpunkttages, Gedanken zum „Gedicht"
B	50 Min.	**Problembeschreibung**	Vertiefende Auseinandersetzung mit dem Gedicht
C	30 Min.	**Problempräsentation**	Vorstellung der Gruppenarbeitsergebnisse

D	15 Min.	**Erweiterung**	Sammlung und Auswertung unterschiedlicher Assoziationen zu einem Vorgang
E	15 Min.	**Informationserarbeitung**	Erarbeitung von und Auseinandersetzung mit Sachinformationen
F	45 Min.	**Umsetzung**	Anwendung des (zuvor) erarbeiteten Sachwissens anhand von Fallbeispielen
G	20 Min.	**Problematische Situation**	Auseinandersetzung mit einer „missverständlichen" Situation
H	25 Min.	**Informationserarbeitung**	Beschäftigung mit den vier Seiten einer Nachricht
I	35 Min.	**Trainingsrunde**	Anwendung des „Vier-Seiten-Modells"
J	25 Min.	**Tagesfeedback**	Rückmeldung zu den Tageseindrücken

Einleitung

Jeder hat das schon einmal erlebt: Man teilt seinem Gegenüber etwas mit und plötzlich reagiert der Gesprächspartner ganz anders, als erwartet. Wieso? Was ist passiert?
Der vorliegende Baustein versucht dieses *Wieso* zu er- bzw. begründen. In kleinen konkreten Schritten findet eine Mischung aus Erkundung, Erarbeitung und Umsetzung statt. Damit wird eine sukzessive Sprachsensibilisierung und -reflexion angestrebt, um das Ziel – nämlich die „alltägliche Kluft" zwischen Gesagtem, Gehörtem und Verstandenem – zu verdeutlichen. Neben der Erarbeitung und Anwendung des neuen Wissens wird darüber hinaus der notwendige Raum für persönliche Konsequenzen hinsichtlich des eigenen kommunikativen Handelns gegeben.

Materialliste

▪ Anlage 1	Folie
▪ Anlage 2	1/2 Klassensatz
▪ Anlage 3	Klassensatz
▪ Anlage 4	Klassensatz
▪ Anlage 5	1/2 Klassensatz
▪ Anlage 6	1/2 Klassensatz
▪ Anlage 7	Klassensatz
▪ Anlage 8	Klassensatz
▪ farbige Blätter	3-facher Klassensatz
▪ Plakate	
▪ Eddings	
▪ Klebestreifen	

Planungsverlauf

A 10 Min. Einstieg

Anlage 1: Das Gesagte ... (Folie)

Das Gedachte ist nicht immer das Gesagte,
das Gesagte nicht immer das Gehörte,
das Gehörte ist nicht immer das Verstandene,
das Verstandene nicht immer das Getane!

Das Zitat wird der Klasse präsentiert (Zitat aus: Reinhold Miller, Schule im Gespräch. Kommunikation und Beziehungen. AOL 1999, S. 4). Die Lehrperson liest die Zeilen laut vor, danach erhalten die Schüler etwas Zeit, um sich den Inhalt erneut still durchlesen und ggf. mit ihrem Partner Gedanken und Ideen „bemurmeln" zu können. Im Anschluss daran findet im Klassengespräch eine erste Sammlung der Gedanken und Eindrücke statt.

B 50 Min. Problembeschreibung

Die Klasse wird (je nach Klassengröße) in 5 bzw. 6er-Teams eingeteilt (beispielsweise über das Puzzle-Verfahren, Ziehen von Spielkarten). Wenn sich die Gruppen gefunden haben, erhält jedes Team das Gedicht aus der Vorphase mit einem Arbeitsauftrag ausgehändigt (zwecks besserer Ansicht, werden pro Gruppe zwei bis drei Exemplare verteilt).

Anlage 2: Gedicht mit Auftrag für die Gruppenarbeit

Um was geht es bei diesem Gedicht?

- Besprecht in der Gruppe den Aussagekern ("Was will uns der Künstler damit sagen?“).
- Formuliert diesen „Kern“ schriftlich. Tipp: Geht dabei Zeile für Zeile vor und schreibt jeweils auf, was damit ausgesagt wird. Zieht zur besseren Veranschaulichung konkrete Beispiele (aus eurem Alltag) heran.
- Überlegt euch dann in einem weiteren Schritt eine Darstellungsform für euer Ergebnis (... eure Erkenntnis ...), d. h. sucht euch ein Produkt aus, wie ihr euer Gruppenergebnis zum Aussagekern des Gedichts den anderen vorstellen möchtet. Das kann beispielsweise ein sachlicher Vortag sein, ein Plakat mit Erläuterungen, ein Rollenspiel usw.
- Zeit: 45 Minuten – also bis ..... Uhr

Hinsichtlich des im Auftrag verlangten Produkts ist es wichtig, die Gruppen zu ermutigen, ihrer Kreativität freien Lauf zu lassen, sich für die Auseinandersetzung mit dem Text ausgiebig Zeit zu nehmen und bei der Umsetzung auch nicht übliche Wege zu gehen. Darüber hinaus sei an dieser Stelle gleichermaßen der Lehrer ermutigt, sich auf etwas „Anderes“ einzulassen. Die Erfahrungen haben gezeigt, dass die Lerngruppe später tatsächlich eine breite Palette – die vom Rollenspiel mit einer missverständlichen Situation bis zum anschaulichen Plakat ohne Worte reicht – hervorbringt.

C 30 Min. Problempräsentation

Die Ergebnisse der Gruppenarbeitsphase werden präsentiert. Dabei besteht die Möglichkeit, dass jedes Team im Vorfeld einen Gruppensprecher ernennt oder der Sprecher per Losverfahren bestimmt wird.

Aussagekern – Erwartungen: Obwohl man miteinander spricht, versteht man sich manchmal nicht, weil ...

- man gerade an etwas anderes denkt (z. B.: Problem zu Hause)
- man sich nicht deutlich genug ausdrückt (z. B.: ...)
- man nicht richtig zuhört (z. B.: ...)
- man nicht immer nachfragt, wenn man etwas nicht verstanden hat
- man schon weiß, was der andere sagen will (z. B.: ...)
- ...

Die Lehrkraft hält die genannten Formulierungen stichpunktartig an der Tafel fest. Im Anschluss an die Vorstellungsrunde übertragen die Schüler den Anschrieb in ihre Unterlagen, sodass sie zu einem späteren Zeitpunkt ggf. noch einmal darauf zurückgreifen können.

D 15 Min. Erweiterung

Jeder Schüler erhält einen DIN-A5-Bogen. Danach wird der Gruppe folgender Tafelanschrieb (auch als vorbereitetes Plakat denkbar) präsentiert:

Schließe deine Augen.

Der Anschrieb wird von der Lehrperson nicht weiter kommentiert. Erst nach ca. 15 bis 20 Sekunden ruhiger Betrachtung erfolgt der folgende Auftrag:
„Schreibt auf den vor euch liegenden Zettel, welcher Gedanke euch bei der Anweisung als Erstes in den Sinn kam. Verwendet dabei bitte maximal zwei Stichworte, um diesen Gedanken zu verschriftlichen und achtet darauf, dass ihr groß und deutlich schreibt. Seid ihr fertig, dann geht bitte nach vorn und klebt das Blatt an die Tafel.“

Sämtliche „Gedanken“ werden unter dem Anschrieb an der Tafel gesammelt. Dabei sind folgende Nennungen zu erwarten:

- keine Lust
- Traumreise
- neues Spiel
- toll
- was kommt jetzt
- schlafen

Mit dem folgenden Auftrag wird die nächste Bearbeitungsphase eingeleitet: „Setzt euch kurz mit eurem Tischpartner zusammen und wertet die Stichworte an der Tafel aus. Was fällt euch auf? Jeder hält die Ergebnisse in Stichpunkten fest. Nach drei Minuten ertönt das Klingelzeichen, erweitert dann euren Kreis um das benachbarte Partnerteam, stellt euch eure Ergebnisse gegenseitig vor und ergänzt ggf. die eigenen Notizen. Nach wiederum drei Minuten ertönt erneut das Klingelzeichen. Meldet euch dann bitte, um die Ergebnisse noch einmal in der gesamten Klasse vorzustellen und zu sammeln.“

Im nachfolgenden Klassengespräch könnte es zu folgenden Nennungen kommen:

- Jeder hat unterschiedliche Gedanken zu einer Aufforderung.
- Hintergrund sind verschiedene Erfahrungen, die man schon einmal mit der Aufforderung „Schließe deine Augen“ gemacht hat.
- ...

E 15 Min. Informationserarbeitung

Anlage 3: Eine Mitteilung – verschiedene Wirkungen!?

An die Klasse wird der Infotext *Eine Mitteilung – verschiedene Wirkungen!?* ausgeteilt und gemeinsam laut gelesen. Im Anschluss daran werden eventuelle textliche Unklarheiten geklärt. Danach ergeht der Auftrag, den Text in Einzelarbeit entsprechend der 5-Gang-Lesetechnik zu erarbeiten. Währenddessen schreibt die Lehrperson drei Zeiten (beispielsweise 7.00, 8.00 und 9.00 Uhr) an die Tafel.
Ist die Textmarkierung und -strukturierung abgeschlossen, wird die Klasse aufgefordert, sich zu den drei Zeiten jeweils mit einem Mitschüler zu verabreden und dies auf einem Notizzettel festzuhalten. In dieser Zeit ergänzt der Lehrer parallel dazu hinter den einzelnen Zeiten folgende Besprechungsaufträge:

7.00 Uhr = Besprechung und Klärung der Abbildung (Was wird dargestellt?)
8.00 Uhr = Wiedergabe der ersten beiden Absätze mit eigenen Worten (jeder Verabredungspartner einmal)
9.00 Uhr = Wiedergabe des dritten und vierten Absatzes mit eigenen Worten (jeder Verabredungspartner einmal)

F 45 Min. Umsetzung

Anlage 4: Aussage und Wirkung

Nachdem die Schüler wieder Platz genommen haben, erhalten sie das Arbeitsblatt, mit dem sie das zuvor Erarbeitete praktisch umsetzen können. Zunächst wird die Aufgabenstellung mit dem Tischpartner besprochen. Eventuelle Unklarheiten können im Anschluss daran noch einmal im gesamten Klassenverband geklärt werden. Danach bewerten und kommentieren die Schüler die Aussagen erst einmal in Einzelarbeit. Sind sie damit fertig, wird folgender Auftrag an die neu zu bildenden 4er-Teams (z. B. Nummern, Puzzle) ausgeteilt.

Anlage 5: Auftrag für die Gruppenarbeit

Für die anschließende Auswertung stellt jedes Team eine ausgewählte Aussage vor und präsentiert die Wirkung mit entsprechender Erklärung. Falls im Vorfeld schon deutlich wird, dass einige Aussage vermutlich nicht gewählt werden, so empfiehlt sich hier per Losverfahren zu entscheiden, damit letztendlich alle fünf Fälle zur Sprache kommen.

G 20 Min. Problematische Situation

Anlage 6: Darstellung „Betriebskantine"

Die Klasse wird aufgefordert einen Doppelstuhlkreis zu bilden. Jeder Schüler nimmt seine Schreibunterlagen mit in den Kreis. Haben sich die „Sitzpaare" gefunden, erhält jedes 2er-Team die Darstellung „Betriebskantine". Im Vorfeld sollte die Lehrkraft vorsorglich den Terminus *Vegetarier* und Klischees kurz thematisieren, damit die Darstellung eindeutig verstanden werden kann. Folgender Auftrag ergeht an die Lerngruppe:
„Betrachtet gemeinsam die Abbildung. Beschreibt euch gegenseitig, was dargestellt ist. Macht euch danach Notizen darüber, was euch zu der Situation ein- bzw. auffällt. Wenn das Klingelzeichen ertönt, rückt ihr entsprechend meiner Angabe zum nächsten Partner.
Das Rückverfahren wird insgesamt vier Mal durchgeführt. Im Anschluss daran bildet die Klasse einen einfach Stuhlkreis, in dem die Ergebnisse der Sammlung gemeinsam vorgestellt und besprochen werden."

Folgende Nennungen werden erwartet:
- Frau antwortet nicht auf eigentliche Frage
- Frau reagiert schnippisch

- Frau denkt vielleicht, dass sie wie eine Vegetarierin aussieht und dass dies nicht gut ist
- Frau versteht die Frage falsch
- …

Nach dieser Besprechung legt die Lehrperson ein großes Plakat in die Mitte des Stuhlkreises, auf dem ein Kopf mit vier Ohren gezeichnet ist, macht dabei eine Sprechpause mit Blick entlang des Kreises und gibt im Anschluss daran folgenden Kommentar: *Was dieser Kopf mit der eben besprochenen Situation gemeinsam hat, das werden wir nun mithilfe eines Infoblattes erfahren.*

H 25 Min. Informationserarbeitung

Anlage 7: Die vier Seiten

In die bestehende Stuhlkreisrunde wird das Infoblatt *Die vier Seiten* ausgegeben und der Text gemeinsam gelesen. Nach der Leserunde erfolgt eine Klärung unbekannter Begrifflichkeiten.
Zur anschließenden Bearbeitung des Textes wird der Stuhlkreis aufgehoben und die Tischsitzordnung wieder eingenommen. Die Klasse erhält den Auftrag, den Text zu markieren und zu strukturieren. Im Anschluss an diese Einzelarbeitsphase besteht noch einmal die Möglichkeit, aufgetretene Fragen bzw. Unklarheiten im Plenum zu klären.

I 35 Min. Trainingsrunde

Anlage 8: Die vier Seiten – Die Probe: aus 1 mach' 4

Das Infoblatt wird durch das „Anwendungsblatt" Die vier Seiten – Die Probe: aus 1 mach' 4 ergänzt. Nach dem Erhalt besprechen die Tischpartner im Murmelgespräch die Aufgabenstellung. Im Plenum wird danach noch einmal kurz Raum für weiterhin bestehende Unklarheiten gegeben, sodass schließlich jeder Schüler in der Lage ist das Arbeitsblatt auszufüllen

Die „Trainingsrunde" kann – sofern in der Schule dafür nicht mehr ausreichend Zeit zur Verfügung stehen sollte – auch als Hausaufgabe erfolgen.

Die anschließende Besprechung erfolgt im Marktplatzgeschehen mit folgendem Auftrag:
„Tauscht das Arbeitsblatt *Die vier Seiten – Die Probe: aus 1 mach' 4* mit eurem Partner. Betrachtet dabei die eingetragenen Botschaften. Überprüft mithilfe des Infotextes, ob die vier Seiten jeweils auch tatsächlich getroffen worden sind. Falls nicht, so markiert dies mit Bleistift am Rand und fügt Verbesserungsvorschläge hinzu."
Der Marktplatzwechsel wird insgesamt drei Mal à fünf Minuten durchgeführt.

J 25 Min. Tagesfeedback

Jeder Schüler erhält jeweils drei Blätter im DIN-A5-Format, die unterschiedliche Farben besitzen. Auf diesen Papieren sollen sie ihre Tageseindrücke in Form von aussagekräftigen Stichworten verschriftlichen. Diese sind in drei Kategorien zu unterteilen: gut gefallen, nicht gefallen, persönliche Konsequenzen. Sind die Stichworte notiert, sortieren sie diese innerhalb einer vorbereiteten Tabelle (Tafel, Plakat, Moderationswand).
Ist die Sammlungs- und Sortierungsphase beendet, bildet die Klasse einen Halbkreis um das Medium, sodass alle eine gute Sicht auf die „Stichwortblätter" besitzen. Im Anschluss daran erhält nun reihum jeder Schüler das Wort, um die eigenen Feedback-Begriffe näher zu erläutern.

Ende

Bitte diese Vorlagen von der CD-ROM ausdrucken.

Das Gedachte ist nicht immer das Gesagte,
das Gesagte nicht immer das Gehörte,
das Gehörte ist nicht immer das Verstandene,
das Verstandene nicht immer das Getane!

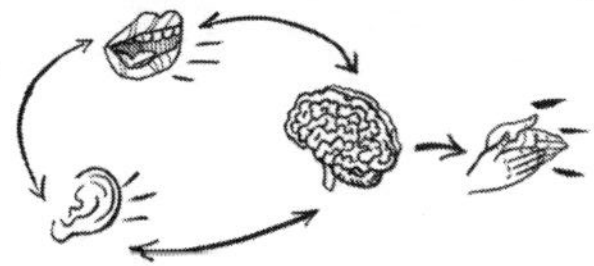

Arbeitsauftrag für die Gruppenarbeit

Das Gedachte ist nicht immer das Gesagte,
das Gesagte nicht immer das Gehörte,
das Gehörte ist nicht immer das Verstandene,
das Verstandene nicht immer das Getane!

Um was geht es bei diesem Gedicht?

⇨ Besprecht in der Gruppe den Aussagekern („Was will uns der Künstler damit sagen?“).

⇨ Formuliert diesen „Kern“ schriftlich.

Tipp:

Geht dabei Zeile für Zeile vor und schreibt jeweils auf, was damit ausgesagt wird. Zieht zur besseren Veranschaulichung konkrete Beispiele (aus eurem Alltag) heran.

⇨ Überlegt euch dann in einem weiteren Schritt eine Darstellungsform für euer Ergebnis (...eure Erkenntnis...), d. h. sucht euch ein Produkt aus, wie ihr euer Gruppenergebnis zum Aussagekern des Gedichts den anderen vorstellen möchtet.
Das kann beispielsweise ein sachlicher Vortag sein, eine Art Ausstellung, ein Rollenspiel usw.

Zeit: 45 Minuten, also bis ________________ Uhr

Aussage und Wirkung

Arbeitsauftrag:

⇨ Was können die folgenden Aussagen beim Hörer auslösen?
Notiere in den dafür vorgesehenen Spalten mögliche Gedanken und Gefühle – kurz die Wirkung der Aussage.

⇨ Halte in der Spalte dahinter deine Erklärung bzw. Erläuterung fest – also warum die Aussage so oder so wirkt.

Beachte das Beispiel ...

Aussage	Wirkungen	mögliche Reaktionen
Der Vater sagt zu Mutter und Tochter: *„Ich gehe jetzt spazieren."*	a) Schön, ich komme mit. b) Ich gehe aber nicht mit. c) Gut, dann weiß ich Bescheid.	a) Die Person fühlt sich durch die Aussage aufgefordert auch mitzukommen. b) Die Person hat schon öfter die Erfahrung gemacht, dass sie mit muss und fühlt sich durch die Aussage nun wieder dazu „genötigt". c) Die Person nimmt die Aussage als pure Information auf.

Und jetzt du ...

Aussage	Wirkungen	mögliche Reaktionen
Eine Mitschülerin/ein Mitschüler sagt zu dir: *„Na, hab ich nicht einen schönen Pulli?!"*		

Aussage	Wirkungen	mögliche Reaktionen
Deine Mutter sagt zu dir: *„Ich mache mir Sorgen um deine Zukunft."*		
Der Lehrer/die Lehrerin sagt zu dir: *„Ist ja toll, was du da gemacht hast."*		
Dein Vater sagt zu dir: *„Zieh dich heute mal schick an."*		
Eine Bekannte/ein Bekannter sagt zu dir: *„Oh, du gehst auf die Realschule."*		

Bitte diese Vorlagen von der CD-ROM ausdrucken.

Bitte diese Vorlagen von der CD-ROM ausdrucken.

Aussage und Wirkung

Auftrag für die Gruppenarbeit

1. Stellt euch gegenseitig die Ergebnisse des Arbeitsblattes „Aussage und Wirkung" vor, vergleicht und besprecht diese.

2. Formuliert im Anschluss daran im Team eine Konsequenz, die sich für euch aus den erhaltenen Informationen zum Thema „Sprechen und Hören" für euren Alltag ergibt. Die nachfolgenden Satzanfänge könnt ihr dabei zur Hilfe nehmen:

- Wir haben für uns daraus gelernt, dass ...
- Damit eine Kommunikationssituation für alle Beteiligten zufrieden stellend verläuft, sollte man ...
- ...

Vergesst nicht eure Aussage mit einer entsprechenden Begründung zu untermauern!!!

Zeit: 30 Minuten, d. h. bis ________________ Uhr

Aussage und Wirkung

Auftrag für die Gruppenarbeit

1. Stellt euch gegenseitig die Ergebnisse des Arbeitsblattes „Aussage und Wirkung" vor, vergleicht und besprecht diese.

2. Formuliert im Anschluss daran im Team eine Konsequenz, die sich für euch aus den erhaltenen Informationen zum Thema „Sprechen und Hören" für euren Alltag ergibt. Die nachfolgenden Satzanfänge könnt ihr dabei zur Hilfe nehmen:

- Wir haben für uns daraus gelernt, dass ...
- Damit eine Kommunikationssituation für alle Beteiligten zufrieden stellend verläuft, sollte man ...
- ...

Vergesst nicht eure Aussage mit einer entsprechenden Begründung zu untermauern!!!

Zeit: 30 Minuten, d. h. bis ________________ Uhr

Die vier Seiten – Die Probe

Aufgabe:

⇨ Die folgenden Aussagen haben alle eine Gemeinsamkeit: Sie sind zu „einseitig".
Die Aufgabe ist es darum, aus diesen einseitigen Nachrichten vierseitige Botschaften zu formulieren.
Es geht also darum, herauszufinden, was für Aussagen über das eigentlich Gesagte hinaus noch mitschwingen.

Beispiel:

Situation und Aussage	Die 4 Seiten	4 Botschaften
Der Schüler kommt fünf Minuten zu spät in den Unterricht. Der Lehrer daraufhin in strengem Ton: *„Jetzt ist es schon 8:05 Uhr."*	Beziehungsseite	**Deine Verspätung** ärgert mich.
	Appellseite	**Sei pünktlich!**
	Selbstmitteilungsseite	**Ich finde** Pünktlichkeit wichtig.
	Sachseite	**Unterrichtsbeginn** ist um **8:00** Uhr.

Übungen:

Situation und Aussage	Die 4 Seiten	4 Botschaften
Ein Schüler zu einem anderen bei der Gruppenarbeit: *„Hau doch ab, wenn du immer so schnell beleidigt bist."*	Beziehungsseite	
	Appellseite	
	Selbstmitteilungsseite	
	Sachseite	
Zu Hause sagt der Vater zu seiner Tochter: *„Findest du nicht, dass du mehr lernen solltest?"*	Beziehungsseite	
	Appellseite	
	Selbstmitteilungsseite	
	Sachseite	
In der Stunde schlägt Anton Thorstens Etui vom Tisch. Thorsten dreht sich um und schreit: *„In der Pause bist du ein toter Mann."*	Beziehungsseite	
	Appellseite	
	Selbstmitteilungsseite	
	Sachseite	

SPRECHEN, SEHEN, HÖREN = VERSTEHEN!

Sonja Gerland-Péus, Anke Husmann-Niemann, Gisela Wibbing

6 Unterrichtsstunden

Ziele und Überblick

- **Erkennen, dass die Eindeutigkeit beim Formulieren eine Grundvoraussetzung für eine zielgerichtete bzw. ergebnisorientierte Kommunikation darstellt**
- **Erfassen, dass nonverbale Aspekte kommunikative Akte stets begleiten und sie zu einem wesentlichen Teil ausmachen bzw. bestimmen**
- **Erfahren, dass aktives Zuhören gleichermaßen notwendig ist, um eine gelungene Kommunikation zu gestalten**

Kooperative Lernformen:
- ***Murmelgespräch***
- ***Doppelstuhlkreis***

A	5 Min.	**Einstieg**	Inhalt und Verlauf des Bausteins
B	85 Min.	**Stille Post mit Zeichenblock**	
	10 Min.	**Gruppenauf- und Aufgabenverteilung**	Einteilung in Spielteams, Erläuterung zum Spielablauf und dem Beobachtungsfokus
	30 Min.	**Durchführung und Beobachtung**	Spieldurchführung und Aufzeichnung von Beobachtungsnotizen

	20 Min.	**Problematisierung**	Austausch, Sammlung und Bewertung der Beobachtungen
	25 Min.	**Umsetzung und Konsequenzen**	Erarbeitung – auf der Basis der Beobachtung – von Tipps für eine „erfolgreiche Kommunikation‘
C	90 Min.	**Sprechen ohne Worte!? – Nonverbale Kommunikation**	
	10 Min.	**Gruppenauf- und Aufgabenverteilung**	Teameinteilung, Aufgabenbesprechung
	30 Min.	**Durchführung und Beobachtung**	Probe, Spieldurchführung und Einsatz des Beobachtungsbogens
	25 Min.	**Auswertung**	Spiel- und Beobachtungsauswertung in Form einer Schreibkonferenz
	25 Min.	**Zusammenfassung**	Formulierung und Sammlung zentraler Aussagen zu den gemachten Erfahrungen
D	80 Min.	**Bewusstes Zuhören**	
	20 Min.	**Gruppenauf-, Aufgabenverteilung und Rollenvorbereitung**	Teameinteilung, Aufgabenbesprechung der Spieler- und Zuhörergruppe, Rollenvergabe und Vorbereitung
	20 Min.	**Durchführung I**	Realisierung des Diskussionsspiels, Anfertigung von Notizen zum Gehörten und Rückmeldung seitens der Beobachtergruppe
	20 Min.	**Durchführung II**	Realisierung des Diskussionsspiels,

			Anfertigung von Notizen zum Gehörten und Rückmeldung seitens der Beobachtergruppe
	20 Min.	**Konsequenzen**	Formulieren von Merksätzen in Kleingruppen, Vorstellung und Sammlung
E	10 Min.	**Tagesfeedback**	Rückmeldung zum absolvierten Baustein über eine Punkteauswertung

Einleitung

Der Titel dieses Bausteins *Sprechen, sehen, hören = verstehen!* spiegelt die drei Bereiche wider, aus denen er sich zusammensetzt. In spielerischer Herangehensweise werden die Disziplinen, die eine erfolgreiche Kommunikation ausmachen bzw. permanent beeinflussen, von den Schülern ausprobiert und erkundet.
Im ersten Teil geht es um die abgewandelten und kombinierten Formen der bekannten Spiele „Stille Post“ und „Montagsmaler“. Dabei bekommt ein Spieler eine Darstellung präsentiert, prägt sich diese ein und muss im Anschluss daran das Gesehene ausschließlich mit Worten dem zweiten Gruppenmitglied beschreiben. Die anderen befinden sich dabei außer „Hörweite“. Das nächste Teammitglied wird nachgeholt und der zuvor Zuhörende wird nun zum Beschreiber. So geht es reihum, bis der Reihenletzte schließlich das aufzeichnen muss, was zuvor von Person zu Person mündlich tradiert wurde.
Anhand dieser Übung soll deutlich werden, dass eine als scheinbar eindeutig und möglichst detailliert angelegte Mitteilung nicht zwangsläufig genauso beim Hörer ankommt bzw. weitergegeben wird. Darüber hinaus soll erkannt werden, dass durch den Filter mehrerer Kommunikatoren dieser „Verfälschungsprozess“ begünstigt wird.
War im ersten Teil die Anwesenheit des gesprochenen Wortes maßgeblich, beschäftigt sich der zweite Teil mit dessen Abwesenheit. Es wird erprobt, ob eine Kommunikation stattfinden kann bzw. wie diese gestaltet ist, wenn die sprachliche Mitteilung auf ein Minimum reduziert wird. Ausschließlich

„aha“, „hm“ und „oh“ werden den zwei Gesprächspartnern zugestanden, um eine typische Reiseunterhaltung in einem Zugabteil realisieren und vorgegebene Emotionslagen umsetzen zu können. Somit ist der Einsatz von Gestik und Mimik unerlässlich und soll als bedeutsamer Bestandteil des kommunikativen Aktes deutlich werden.
Im letzten Bereich werden „wilde Diskussionen“ angestrebt. Ein Streitthema soll das Jugendzentrum sein, das kurz vor der Schließung steht. Über die Frage, ob das Rauchen an der Schule erlaubt werden sollte, gilt es gleichermaßen zu disputieren. Zu jedem Thema gibt es selbstverständlich die unterschiedlichsten Standpunkte, die über verschiedene Rollen zum Ausdruck kommen sollen.
Während sich die eine Hälfte der Klasse im Streitgespräch befindet, darf sich die andere Hälfte gewissermaßen zurücklehnen und beobachten. Genauer gesagt handelt es sich dabei aber eher um ein „Behören“, denn keiner – weder die Diskussionsteilnehmer noch die Beobachter – können sich dabei anschauen. Alle sind ausschließlich auf das Wort und – in einer Diskussion noch viel wichtiger – auf das bewusste Zuhören angewiesen.

Materialliste

▪ Anlage 1	Plakat DIN-A2
▪ Anlage 2	Klassensatz
▪ Anlage 3	Klassensatz
▪ Anlage 4	6fach (entsprechend der Anzahl gebildeter Kleingruppen)
▪ Anlagen 5a, 5b	einfach (Rollenschnipsel)
▪ Anlage 6	Klassensatz
▪ Anlage 7	Plakat DIN-A3
▪ Plakate	
▪ DIN-A4-Blätter	
▪ Eddings	
▪ Klebepunkte	

Planungsverlauf

A 5 Min. Einstieg

Der Klasse wird der Tagesablauf grob skizziert. Dabei findet ein kurzer Hinweis auf die Dreiteilung dieses Bausteins (*sprechen, sehen, hören*) und des jeweils integrierten Spielkerns statt.

B 85 Min. Stille Post mit Zeichenblock

Aus der Lerngruppe werden zwei 5er-Teams (Team A und Team B) herausgezogen (beispielsweise über vorbereite Lose). Der Rest der Klasse wird zu Zuschauern bzw. Beobachtern erklärt.
Die zwei Teams erhalten die Bezeichnung A und B, wobei die einzelnen Mitglieder noch einmal von 1 bis 5 durchnummeriert werden. Im Anschluss daran erhalten beide Gruppen (die Zuschauer hören mit) die folgenden Instruktionen für das anstehende Spiel:

- Gruppe A startet, Gruppe B darf für fünf Minuten den Klassenraum verlassen.
- Gruppenmitglied 1 fängt an und wird in die Klasse geholt, die restlichen Mitglieder warten in einem Abstand von ca. acht bis zehn Metern vor der Tür.
- Nr. 1 bekommt ein Bild gezeigt, das es sich einprägen muss – dazu stehen insgesamt 90 Sekunden zur Verfügung – danach wird die Abbildung verdeckt.
- Nr. 2 wird hereingeholt und Nr. 1 beschreibt *ausschließlich mit Worten* (zeigen bzw. gestikulieren ist nicht erlaubt), was auf der Abbildung wo und wie zu sehen war.
- Nr. 2 darf nur zuhören, *nicht nachfragen*.
- Ist Mitglied Nr. 1 mit Beschreiben fertig (dabei wird keine Zeitvorgabe gemacht), nimmt es Platz und Nr. 3 wird hereingeholt.
- Nr. 2 gibt die gehörten Beschreibungen an Nr. 3 weiter – dabei gelten die gleichen Regeln wie zuvor bei eins usw.
- Als letztes Mitglied bekommt Nr. 5 die Abbildung geschildert und muss dann das Gehörte aufzeichnen – also wieder in ein Bild umsetzen.

Nachdem beide Teams den Klassenraum verlassen haben, erhalten die Zuhörer bzw. Beobachter ihre Instruktionen:

„Ihr beobachtet das nun folgende Geschehen. Dabei haltet ihr bitte alle Auffälligkeiten, Besonderheiten usw. schriftlich fest (Tipp: Fertigt eine Tabelle mit Team A, Team B als Spalten an). Es ist wichtig, dass ihr euch bei euren Beobachtungen absolut neutral verhaltet. Was ihr seht, darf von euch weder mit einem Lachen, einem Spruch oder sonst in irgendeiner Art und Weise kommentiert werden."

Anlage 1: Zeichnung

Das Plakat mit der Zeichnung wird aufgedeckt, Nummer 1 der Gruppe A in die Klasse geholt und der erste Spieldurchlauf startet.
Nachdem der erste Durchlauf beendet und die erste Zeichnung fertig gestellt ist, wird zum Vergleich kurz das Original gezeigt. Im direkten Anschluss daran findet der gleiche Durchlauf mit Team B statt. Achtung: Die Zeichnung der ersten Gruppe darf für die zweite auf keinen Fall sichtbar sein.
Für die sich danach anschließende Problematisierung setzen sich die Zuschauer in 4er-Teams zusammen und tauschen im ersten Schritt ihre Beobachtungen aus. Im zweiten fassen sie diese in Form einer Schlussfolgerung zusammen (zum Beispiel: *Ohne zusätzliches Zeigen ist ein genaues Beschreiben notwendig.* oder: *Manche Aussagen sind nicht eindeutig und machen ein Nachfragen notwendig.*)
Die Teams A und B setzen sich gleichfalls in Gruppen zusammen, tauschen sich über ihre Gefühle und Erfahrungen bei der „Spieldurchführung" aus und fassen diese ebenfalls in Einzelaussagen zusammen.

Im danach folgenden Klassengespräch stellen erst die Spielteams (Gruppensprecher A und B) ihre Aufzeichnungen vor. Danach geben die jeweiligen Sprecher der Beobachtergruppen ihr Feedback. Die Lehrperson hält die Kommentare stichpunktartig an der Tafel fest.

Über ein Losverfahren findet eine Neugruppierung in 5er-Teams statt, sodass sich Beobachter und Spieler wieder vermischen. In dieser letzten Phase kommt es zur Formulierung von Konsequenzen. An die Gruppen ergeht diesbezüglich folgender Auftrag:
"Formuliert auf der Basis der an der Tafel zusammengetragenen Stichpunkte Tipps, was man – nicht nur in einem solchen Spiel – hinsichtlich einer „erfolgreichen Kommunikation" unbedingt beachten sollte. Haltet jeden Tipp bitte einzeln auf einem DIN-A4-Blatt fest. Schreibt dabei groß

und deutlich, da diese nachher an der Wand gesammelt werden. Euch stehen für eure Erarbeitung insgesamt 15 Minuten (d. h. bis ...... Uhr) zur Verfügung."
Bei der abschließenden Vorstellung präsentieren wiederum die jeweiligen Gruppensprecher die Vorschläge, erläutern diese und heften sie danach an die vorbereitete Wand. Die Sammlung selbst erfolgt dabei nach dem Domino-Prinzip, d. h. inhaltlich ähnliche Tipps werden nebeneinander bzw. inhaltlich gleiche übereinander geheftet.

C 90 Min. Sprechen ohne Worte – Nonverbale Kommunikation

Die Klasse wird in 6er-Teams aufgeteilt, wobei pro Gruppe wiederum drei Partnerteams (Nr. 1 bis 3) bestimmt werden. Jedes 6er-Team erhält die drei unterschiedlichen Rollenkarten für das folgende Spiel.

Anlage 2: Rollenspielkarten 1 bis 3

Die Schüler erhalten den Auftrag, entsprechend der Anweisungen ihrer Rollenspielkarte, zu zweit ein Rollenspiel zu erarbeiten. Danach ziehen sich die Partnerteams zur Probe, für die insgesamt 15 Minuten zur Verfügung stehen, zurück.
Bevor die vorbereiteten Rollenspiele den anderen Team-Mitgliedern präsentiert werden, wird ein Beobachtungsbogen eingeführt und gemeinsam besprochen.

Anlage 3: Beobachtungsbogen für das Rollenspiel

Neben den Punkten Rolleninhalt und -verhalten sollte hier ein besonderes Augenmerk auf die dritte Zeile gelegt werden (*Wodurch wurde die Rolle, die Stimmung deutlich?*), die den Fokus auf die Kommunikationselemente Gestik und Mimik legt.

Die Partnerteams präsentieren ihre Rollenspiele innerhalb der 6er-Gruppe. Während dieser Zeit arbeiten die verbleibenden Pärchen als Beobachter. Im Anschluss an das Vorspielen erfolgt jeweils eine kurze Pause, in der die Beobachtungen vervollständigt werden. Parallel dazu verschriftlichen die „Vorspieler" ihre „Spielgefühle" (welche Emotionen sie in bzw. mit ihrer Rolle hatten) auf der Rückseite des Bogens.

Die Auswertung der Beobachtungsaufzeichnungen vollzieht sich im Rahmen einer stillen Schreibkonferenz. Dabei werden jedem 6er-Team drei vorbereitete DIN-A3-Plakate zur Verfügung gestellt.

Anlage 4: Schreibkonferenz

Folgende Fragen liefern hier die Impulse:
- Wie habe ich mich mit meiner Rolle gefühlt?
- Worin unterschieden sich die drei Darstellungen?
- Wodurch wurde die jeweilige Stimmung, das Verhalten deutlich?

Im Anschluss daran werden die ausgefüllten Plakate im Klassenraum verteilt aufgehängt. Die Schüler erhalten die Möglichkeit – ähnlich einer Ausstellung – die Ergebnisse der anderen Gruppen zu erkunden. Auf diese Weise verschaffen sie sich einen Überblick, welche Eindrücke es in den anderen 6er-Teams gab bzw. welche Erfahrungen dort gemacht wurden.

Das darauf folgende Gespräch im gesamten Klassenverband dient dem finalen Resümee dieses Blocks. Dabei gilt es das Fazit der Rollenspiele (*Welche Erkenntnis ziehst du aus den Rollenspielen?*) zu formulieren. Die dabei fallenden zentralen Aussagen werden von der Lehrkraft auf einem Plakat festgehalten (beispielsweise: *Man braucht nicht viele Worte, um sich zu verständigen.* Oder: *Gestik, Mimik, Ton drücken genauso viel wie Worte aus.*) und von den Schülern – zwecks Ergebnissicherung – in die Mappe übertragen.

D 80 Min. Bewusstes Zuhören

Anlagen 5 a, 5 b: Diskussionsspiel – Rollenkarten

Die Klasse wird in zwei gleich große Gruppen eingeteilt. Da im Anschluss daran die Rollenkarten für das bevorstehende Diskussionsspiel ausgegeben werden, ist die notwendige Gruppenzuordnung auch über die vorbereiteten Rollenlose realisierbar.

Folgende Streitthemen – und damit Gruppen – stehen auf dem Programm:
Gruppe I: Soll das Jugendzentrum geschlossen werden?
Gruppe II: Soll Rauchen an der Schule erlaubt werden?

Nachdem jeder Schüler die persönliche Rollenkarte und damit das Diskussionsthema erhalten hat, erfolgt eine kurze Vorbereitungsphase für das Spiel. Zu der gezogenen bzw. zugeteilten Rolle sollen stichpunktartig Argumente notiert werden, die die entsprechende Position ausmachen und untermauern. Dafür stehen allen 10 Minuten zur Verfügung.
Im Anschluss daran wird ein Doppelstuhlkreis gebildet. Dieser hebt sich allerdings von der geläufigen Form ab, da die Stühle des Außenkreises und die des Innenkreises jeweils mit der Rückenlehne zur Mitte positioniert sind. Beim Einnehmen der Plätze guckt also der innere Kreise dem äußeren auf den Rücken, sodass ein Blickkontakt nicht mehr möglich ist. Darüber hinaus gelten die der Klasse bekannten folgenden Gesprächsregeln bei der Diskussion:

1. einander ausreden lassen
2. aufeinander eingehen (= genannte Argumente wieder aufgreifen)
3. Fragen und Antworten müssen zusammenpassen
4. Argumente gut formulieren und Begründungen angeben

Beim ersten Durchgang nimmt Gruppe I im inneren Sitzkreis Platz. Sie startet mit dem Thema „Jugendzentrum". Die Mitglieder der Gruppe II, die sich auf dem äußeren Stuhlkreis niederlassen, bekommen in dieser Zeit die Rolle der „Hörer" und damit Beobachter zugeteilt. Mithilfe des Hör- und Beobachtungsbogens, der die zuvor thematisierten Gesprächsregeln aufgreift, fertigen sie Notizen zum Inhalt und Verlauf der Diskussion an.

Anlage 6: Hör- bzw. Beobachtungsbogen für die Diskussion

Zum Diskussionsauftakt bittet der Lehrer ein Gruppenmitglied, seine Position hinsichtlich des Streitthemas zu erörtern. Danach sollen sich die Diskussionsteilnehmer selber auffordern bzw. einfach an passender Stelle ihren Wortbeitrag leisten.
Über ein Blitzlicht erfolgt im Anschluss an den ersten Durchgang eine sofortige Rückmeldung seitens der Beobachtungsgruppe. Die erstellten Notizen dienen hier als Beitragsbasis.
Danach werden die Plätze getauscht, sodass die zuvor diskutierende Gruppe in den Außenkreis rückt, während die zuvor Beobachtenden im Innenkreis Platz nehmen. In gleicher Form wie zuvor vollzieht sich der zweite Durchgang zum Streitthema „Rauchen".

Nachdem der Stuhlkreis wieder aufgehoben worden ist, findet eine 4er-Team-Bildung statt. Ziel der nun folgenden Abschlussphase ist es, erneut ein Fazit zum „Erlebten“ zu formulieren.

Aufgabe:
„Formuliert in der Gruppe ein bis zwei Merksätze zu der Fragestellung: Warum ist bewusstes Zuhören für eine erfolgreiche Kommunikation unerlässlich? Haltet eure Ergebnisse wiederum auf den vorbereiteten DIN-A4-Blättern fest. Bestimmt darüber hinaus einen Gruppensprecher, der euer Fazit vorstellt und kurz erläutert.“

Die einzelnen Beiträge werden an der Wand zusammengetragen. Zum Ende überträgt die Klasse diese Sammlung in die Mappe.

E 10 Min. Tagesfeedback

Anlage 6: Hier kannst du punkten ...

Die Rückmeldung findet entsprechend der im Tagesablauf vorgegebenen Dreiteilung statt. Dazu erhält jeder Schüler drei Klebepunkte. Diese werden entsprechend der persönlichen Bewertung kommentarlos in der Vorlage positioniert. Je nach verbleibender Zeit können alle bzw. einzelne schließlich noch einmal zu Wort kommen und ihre „Punktpositionen“ näher darlegen.

Ende

Sprechen, hören, sehen = verstehen! *Anlage 1*

Sprechen, hören, sehen = verstehen! *Anlage 2*

Rollenspielkarte 1

Situation
Zwei Reisende im Zug ...
davon sitzt eine Person bereits im Abteil (= Figur A),
die zweite Person kommt hinzu (= Figur B).

Besonderheiten
Beide Figuren dürfen für die geforderte „Unterhaltung" nur drei „Worte" benutzen und zwar: „hm", „aha" bzw. „oh".

Spielverlauf und Rollen
Die neu hinzukommende Figur B „fragt" A, ob noch ein Platz frei ist und ob sie sich setzen darf. Nachdem B Platz genommen hat, entwickelt sich ein „Small-Talk-Gespräch", in dem sich beide über das Wetter, das Reiseziel, ihre Hobbys, ihre Familien usw. unterhalten

Figur B geht bei dem Gespräch zwar auf A ein, signalisiert aber dennoch kein großes Interesse. Sie zeigt sich **gleichgültig.**

Rollenspielkarte 2

Situation
Zwei Reisende im Zug ...
davon sitzt eine Person bereits im Abteil (= Figur A),
die zweite Person kommt hinzu (= Figur B).

Besonderheiten
Beide Figuren dürfen für die geforderte „Unterhaltung" nur drei „Worte" benutzen und zwar: „hm", „aha" bzw. „oh".

Spielverlauf und Rollen
Die neu hinzukommende Figur B „fragt" A, ob noch ein Platz frei ist und ob sie sich setzen darf. Nachdem B Platz genommen hat, entwickelt sich ein „Small-Talk-Gespräch", in dem sich beide über das Wetter, das Reiseziel, ihre Hobbys, ihre Familien usw. unterhalten

Figur B geht auf das Gespräch begeistert ein und zeigt sich ausgesprochen **interessiert**.

Rollenspielkarte 3

Situation
Zwei Reisende im Zug ...
davon sitzt eine Person bereits im Abteil (= Figur A),
die zweite Person kommt hinzu (= Figur B).

Besonderheiten
Beide Figuren dürfen für die geforderte „Unterhaltung" nur drei „Worte" benutzen und zwar: „hm", „aha" bzw. „oh".

Spielverlauf und Rollen
Die neu hinzukommende Figur B „fragt" A, ob noch ein Platz frei ist und ob sie sich setzen darf. Nachdem B Platz genommen hat, entwickelt sich ein „Small-Talk-Gespräch", in dem sich beide über das Wetter, das Reiseziel, ihre Hobbys, ihre Familien usw. unterhalten

Figur B hat keine Lust auf dieses Gespräch und versucht A dies auch anhand seiner Antworten deutlich zu machen. Dabei wird er sogar etwas **wütend**.

Beobachtungsbogen für das Rollenspiel

Rollenspiel 1	Figur A	Figur B
Inhalt/Verlauf		
Verhalten		
Wodurch wurde die Rolle, Stimmung deutlich (z. B. Kopfhaltung, ...)		

Rollenspiel 2	Figur A	Figur B
Inhalt/Verlauf		
Verhalten		
Wodurch wurde die Rolle, Stimmung deutlich (z. B. Kopfhaltung, ...)		

Rollenspiel 3	Figur A	Figur B
Inhalt/Verlauf		
Verhalten		
Wodurch wurde die Rolle, Stimmung deutlich (z. B. Kopfhaltung, ...)		

GRUPPE I Streitthema: **Soll das Jugendzentrum geschlossen werden?** Deine Diskussionsrolle: **NachbarIn**	GRUPPE I Streitthema: **Soll das Jugendzentrum geschlossen werden?** Deine Diskussionsrolle: **NachbarIn**
GRUPPE I Streitthema: **Soll das Jugendzentrum geschlossen werden?** Deine Diskussionsrolle: **JugendbetreuerIn**	GRUPPE I Streitthema: **Soll das Jugendzentrum geschlossen werden?** Deine Diskussionsrolle: **JugendbetreuerIn**
GRUPPE I Streitthema: **Soll das Jugendzentrum geschlossen werden?** Deine Diskussionsrolle: **BürgermeisterIn**	GRUPPE I Streitthema: **Soll das Jugendzentrum geschlossen werden?** Deine Diskussionsrolle: **ElternvertreterIn**
GRUPPE I Streitthema: **Soll das Jugendzentrum geschlossen werden?** Deine Diskussionsrolle: **ElternvertreterIn**	GRUPPE I Streitthema: **Soll das Jugendzentrum geschlossen werden?** Deine Diskussionsrolle: **SchülervertreterIn**
GRUPPE I Streitthema: **Soll das Jugendzentrum geschlossen werden?** Deine Diskussionsrolle: **SchülervertreterIn**	GRUPPE I Streitthema: **Soll das Jugendzentrum geschlossen werden?** Deine Diskussionsrolle: **SchülervertreterIn**
GRUPPE I Streitthema: **Soll das Jugendzentrum geschlossen werden?** Deine Diskussionsrolle: **Ausländische/r MitbürgerIn (Kind)**	GRUPPE I Streitthema: **Soll das Jugendzentrum geschlossen werden?** Deine Diskussionsrolle: **Ausländische/r MitbürgerIn (Elternteil)**
GRUPPE I Streitthema: **Soll das Jugendzentrum geschlossen werden?** Deine Diskussionsrolle: **LeiterIn des Jugendamtes (Nachbarort)**	GRUPPE I Streitthema: **Soll das Jugendzentrum geschlossen werden?** Deine Diskussionsrolle: **LeiterIn des Jugendamtes aus dem Ort**
GRUPPE I Streitthema: **Soll das Jugendzentrum geschlossen werden?** Deine Diskussionsrolle: **LehrerIn**	GRUPPE I Streitthema: **Soll das Jugendzentrum geschlossen werden?** Deine Diskussionsrolle: **LehrerIn**

Bitte diese Vorlagen von der CD-ROM ausdrucken.

Bitte diese Vorlagen von der CD-ROM ausdrucken.

GRUPPE II Streitthema: **Soll das Rauchen an der RS erlaubt werden?** Deine Diskussionsrolle: **AnwohnerIn**	**GRUPPE II** Streitthema: **Soll das Rauchen an der RS erlaubt werden?** Deine Diskussionsrolle: **AnwohnerIn**
GRUPPE II Streitthema: **Soll das Rauchen an der RS erlaubt werden?** Deine Diskussionsrolle: **Arzt/Ärztin**	**GRUPPE II** Streitthema: **Soll das Rauchen an der RS erlaubt werden?** Deine Diskussionsrolle: **StraßenreinigerIn**
GRUPPE II Streitthema: **Soll das Rauchen an der RS erlaubt werden?** Deine Diskussionsrolle: **SchulleiterIn**	**GRUPPE II** Streitthema: **Soll das Rauchen an der RS erlaubt werden?** Deine Diskussionsrolle: **HausmeisterIn**
GRUPPE II Streitthema: **Soll das Rauchen an der RS erlaubt werden?** Deine Diskussionsrolle: **ElternvertreterIn pro Rauchen**	**GRUPPE II** Streitthema: **Soll das Rauchen an der RS erlaubt werden?** Deine Diskussionsrolle: **ElternvertreterIn contra Rauchen**
GRUPPE II Streitthema: **Soll das Rauchen an der RS erlaubt werden?** Deine Diskussionsrolle: **SchülervertreterIn pro Rauchen**	**GRUPPE II** Streitthema: **Soll das Rauchen an der RS erlaubt werden?** Deine Diskussionsrolle: **SchülervertreterIn contra Rauchen**
GRUPPE II Streitthema: **Soll das Rauchen an der RS erlaubt werden?** Deine Diskussionsrolle: **VertreterIn der Zigarettenindustrie**	**GRUPPE II** Streitthema: **Soll das Rauchen an der RS erlaubt werden?** Deine Diskussionsrolle: **durch Zigarettenkonsum Erkrankte/r**
GRUPPE II Streitthema: **Soll das Rauchen an der RS erlaubt werden?** Deine Diskussionsrolle: **LeiterIn des Jugendamtes**	**GRUPPE II** Streitthema: **Soll das Rauchen an der RS erlaubt werden?** Deine Diskussionsrolle: **LehrerIn des Gymnasiums**
GRUPPE II Streitthema: **Soll das Rauchen an der RS erlaubt werden?** Deine Diskussionsrolle: **LehrerIn der Realschule**	**GRUPPE II** Streitthema: **Soll das Rauchen an der RS erlaubt werden?** Deine Diskussionsrolle: **SchülerIn Oberstufe**

Hör- und Beobachtungsbogen

Hör- / Beobachtungs-schwerpunkte	**Gruppe I** ***Thema: Soll das Jugendzentrum geschlossen werden?***	**Gruppe II** ***Thema: Soll Rauchen an der Schule erlaubt werden?***
Thema eingehalten		
ausreden lassen		
Bezug aufeinander		
verständliche Argumente		
Begründungen gegeben		
Sonstiges		

GRUPPEN-ARBEIT III

Anke Hippe-Schuster, Susanne Rave

4 Unterrichtsstunden

Ziele und Überblick

- **Erkennen, wie gute Gruppenarbeit auszusehen hat**
- **Verstehen, wofür Gruppenarbeit notwendig ist**
- **Eigene Gruppenarbeit evaluieren**
- **Fremde Gruppenarbeit evaluieren**

A	5 Min.	**Einstieg**	Begrüßung und Hinweise zu dem Schwerpunkttag
B	20 Min.	**Erarbeitung 1**	Filmausschnitt „missratene Gruppenarbeit“ – Gespräch im Plenum
C	80 Min.	**Erarbeitung 2**	Bewertungsbogen für die Gruppenarbeit (Selbst- und Fremd-Beobachtung)
D	60 Min.	**Präsentation, Auswertung**	Vorstellen der Ergebnisse der Gruppenarbeit sowie der Beobachtungsergebnisse des Arbeitsprozesses (Feedback)

Einleitung

„Gruppenarbeit ist ja schön und gut, aber wie bewerte ich sie“? So oder ähnlich lautet die Frage, die sich viele Lehrer stellen. Dieser Schwerpunkttag soll dazu eine Hilfestellung bieten. Die Bewertung von Gruppenarbeit setzt voraus, dass Kriterien geschaffen wurden, die eine Bewertung möglich machen. Es muss also dem Lehrer sowie dem Schüler klar sein, was genau bewertet wird. Bewertungsgrundlagen sind an dieser Stelle die in Gruppenarbeit I und II festgelegten Gesprächs- und Arbeitsregeln (Sich ausreden lassen, Blickkontakt halten … usw.) sowie das Einnehmen besonderer Rollen (Zeitnehmer, Regelbeobachter … usw.). Mittels eines Bewertungsbogens lässt sich nun die eigentliche Gruppenarbeit bewerten. Dabei wurde auf die inhaltliche Komponente verzichtet, da das Thema jeder Gruppenarbeit ein anderes ist. In den auf dem Bewertungsbogen frei gelassenen Zeilen könnte jedoch ein inhaltlicher Vermerk aufgegriffen werden.
Den Zugang zur Bewertung von Gruppenarbeit erfahren die Schüler an diesem Schwerpunkttag selbst, indem sie von einem Klassenkameraden beobachtet werden (Fremdbeobachtung) und sich selbst einschätzen müssen (Selbstbeobachtung). Dies dient dazu, den Schülern mehr Verantwortung für ihr Handeln zu geben und ein Stückchen mehr Transparenz zu schaffen.

Materialliste

Symbolkarten für die Aufgabenverteilung bei Gruppenarbeit aus dem Baustein *Gruppenarbeit II* (Zeitnehmer, Gesprächsleiter usw.)

- Anlage 1: Bewertungsbogen für die Gruppenarbeit (nach Anzahl der Beobachter)
- Anlage 2: Bewertungsbogen für die Selbstbeobachter (nach Anzahl der Schüler)
- Plakate nach Gruppenzahl
- Tafelmagnete
- Eddings
- Film/Videorekorder

Planungsverlauf

A **5 Min.** **Einstieg**

Begrüßung.
Den Schülern wird zunächst der Inhalt und der Verlauf des Schwerpunkttages bekannt gegeben.

B **20 Min.** **Erarbeitung 1**

Unter dem Thema: „Missratene Gruppenarbeit" wird ein selbst gefilmter, ca. 5-minütiger, Filmausschnitt gezeigt. Anschließend erfolgt ein Gespräch im Plenum warum die Gruppenarbeit nicht geklappt hat (dadurch erfolgt eine Anknüpfung an die Schwerpunkttage *Gruppenarbeit I* und *II* in Klasse 5 und 6). Als Alternative sind hier auch Brainstormingstechniken zum Thema Gruppenarbeit möglich.
Anschließend erläutert der Lehrer in einem Kurzvortrag, weshalb gut funktionierende Gruppenarbeit notwendig ist. Dabei geht er in seinen Ausführungen darauf ein:

a) dass dadurch Aufgaben besser gelöst werden können, weil jeder Teilnehmer verschieden ist. Der eine Mensch kann dies besser, der andere das besser. So ergänzt man sich und löst komplexe Aufgaben hervorragend.
b) Hinweis zur Südpolexpedition: „Scott und Amundsen – Amundsen und seine Gruppe entdecken den Südpol als Erste". Es gelingt ihnen, weil sie im Team arbeiten und Gruppenarbeit praktizieren, in Konkurrenz zu einer Truppe um Scott, aus Einzelkämpfern, die nicht die Ersten waren.
c) Heutzutage wird Gruppenarbeit in der Arbeitswelt immer mehr verlangt. Bei kleinen sowohl als auch bei großen Firmen werden auf diese Weise Aufgaben besser gelöst und der Beschäftigte übernimmt mehr Verantwortung für die Firma.
d) Eine Sportmannschaft arbeitet gut, wenn es im Team gut klappt.
e) … (etwas, was als Klassenteam gut geklappt hat …)

C **80 Min.** **Erarbeitung 2**

Nach dem Zufallsprinzip werden nun Gruppen à vier Schüler ausgelost, die unter einer bestimmten, auf die Klasse zugeschnittenen, Fragestellung ein Werbeplakat erstellen sollen, z. B. „Erstellt ein Werbeplakat für eure Schule," oder „erstellt ein Werbeplakat für eure Klasse", oder „erstellt ein Werbeplakat für … Es werden der Zeitnehmer, der Regelbeobachter und der Gesprächsleiter innerhalb der Gruppe ausgelost. Sie bekommen zur Verdeutlichung ihrer Tätigkeit ihr Schild aus dem Medienkoffer des Lehrers. Zu diesen Arbeitsgruppen gibt es pro Gruppe außerdem ausnahmsweise einen Beobachter, der das Geschehen mittels des Beobachtungsbogens (*Anlage 1*) protokolliert. Wichtig: Der Lehrer sollte steuern, wer diese Aufgabe übernimmt.

Zu der Gruppenarbeit gibt der Lehrer noch Hinweise, welche Kriterien gute Werbung ausmachen. Sie sollte ansprechend und aufrüttelnd auf den Betrachter wirken. Sie sollte ein Ziel haben, das einer bestimmten Zielgruppe übermittelt wird. Dieses Ziel muss allen klar sein. Es sollte bei der Gestaltung auf Farbe, Schrift, Symbole, usw. geachtet werden.

45 Minuten Zeit werden den Schülern vorgegeben. Sollte eine Gruppe nicht fertig sein, wird die Arbeit trotzdem abgebrochen und die Gruppe sollte später analysieren, woran es gelegen haben könnte (Ziel nicht erreicht?). Gleichzeitig wird der Beobachter der Gruppe seinen Beobachtungsbogen zu der Gruppe führen. Wichtig: Der Beobachter sollte sich still zur Gruppe verhalten. Die Gruppe sollte wiederum keinen Kontakt zu ihm haben.

Jeder Schüler füllt am Ende der Gruppenarbeit (Hauptarbeitsphase) noch den Beobachtungsbogen (*Anlage 2*) für die Selbstbeobachtung aus. Dabei sollte die Spalte „Fremdeinschätzung" an dieser Stelle ignoriert und noch nicht ausgefüllt werden.

D 60 Min. Präsentation, Auswertung

Zunächst stellen die einzelnen Gruppen nacheinander ihre Werbeplakate vor. Dazu wird der Präsentator der Gruppe ausgelost. Er bekommt den Auftrag, nun ein Plädoyer für sein Werbeplakat zu halten. Damit ist die eigentliche Gruppenarbeitsphase (Vor,- Haupt, und Präsentationsphase) abgeschlossen.

Die Arbeitsgruppen und der Beobachter füllen nun noch auf ihrem Bogen die Tabelle zur Präsentationsphase aus.

Anschließend erläutert der Beobachter den Mitgliedern seiner Gruppe, wie die Gruppenarbeit gelaufen ist (Auswertung der Beobachtungsbögen). Diese werden mit den Ergebnissen der Einzelbeobachtung verglichen unter der

Fragestellung: „Hat der Fremdbeobachter der Gruppe die gleichen Beobachtungen gemacht wie die Selbstbeobachter?"
Die vier Mitglieder der Gruppe, die beobachtet wurden, notieren jetzt jeweils für sich in der Spalte „Fremdeinschätzung" die Rückmeldung des Beobachters. Es wird verglichen. Gegebenenfalls entstehen auch rege Gespräche innerhalb der Gruppe.
Zum Schluss erhalten die Gruppenmitglieder den Auftrag:
„Notiere in Form eines Satzes in deiner Mappe, was du in Zukunft für die Arbeit in der Gruppe noch verbessern musst" (Tafelbeispiel: *Ich muss in Zukunft für die Arbeit in der Gruppe noch besser den anderen zuhören,* oder: *Ich muss in Zukunft stärker mitarbeiten* … usw.).
Gegebenenfalls erfolgt ein Abschlussgespräch im Plenum. Der Lehrer zieht zum Schluss ein Fazit und erklärt, dass gut funktionierende Gruppenarbeit Bestandteil der Gesamtnote auf dem Zeugnis ist, und jeder Schüler hier seinen Beitrag zu leisten hat. Die Rolle des Gruppen-Fremdbeobachters kann in Zukunft auch vom Lehrer übernommen werden.

Wichtiger Hinweis zu den Bewertungsbögen:
Die Beobachter werden, aus Platzgründen auf den Beobachtungsbögen (*Anlage 1*) gebeten, das Kreuz für die Rubrik „manchmal" in die Mitte (zwischen „immer" und „nie" zu setzen.
Gelegentlich muss bei der Formulierung der Sätze eine kleine Hilfestellung durch den Lehrer gegeben werden.

Ende

Bitte diese Vorlagen von der CD-ROM ausdrucken.

Gruppenarbeit III — *Anlage 1*

Selbstbeobachtung

Beobachter: ____________ Gruppe: ____________ Datum: ____________

Vorbereitung der Gruppenarbeit (Vorphase)

		Selbsteinschätzung			Fremdeinschätzung		
		immer	manch-mal	nie	immer	manch-mal	nie
1.	Ich bin bereit mit allen Mitschülern freiwillig zu arbeiten.						
2.	Ich beginne sofort, ohne Arbeitsverzögerung.						
3.	Ich halte Arbeitsmaterial bereit.						
4.	Mir ist das Ziel der Arbeit klar.						
5.							

Während der Gruppenarbeit (Hauptphase)

		Selbsteinschätzung			Fremdeinschätzung		
		immer	manch-mal	nie	immer	manch-mal	nie
1.	Ich übernehme selbstständig Aufgaben.						
2.	Ich gebe eigene Beiträge zum Thema.						
3.	Ich achtet auf den, der redet.						
4.	Unterbricht andere.						
5.	Ich rede in der Lautstärke angemessen (nicht zu laut oder leise).						
6.	Ich beachte die vorgegebene Zeit.						
7.	Ich bin abgelenkt und unkonzentriert.						
8.	Ich arbeite zügig voran.						
9.	Ich schreibe mit.						
10.	Meine Gruppe hat das Ziel erreicht.						
11.	Ich habe die anderen Gruppen gestört.						
12.							

Nach der Gruppenarbeit (Präsentationsphase)

		Selbsteinschätzung			Fremdeinschätzung		
		immer	manch-mal	nie	immer	manch-mal	nie
1.	Ich übernehme die Aufgabe des Gruppensprechers.						
2.	Ich übernehme die Rolle des Zuhörers.						
3.	Ich verfolge die Auswertung.						
4.							

Gruppenarbeit III — *Anlage 2*

Fremdbeobachtung

Beobachter: ____________ Gruppe: ____________ Datum: ____________

Vorbereitung der Gruppenarbeit (Vorphase)

	Namen:								
		immer	nie	immer	nie	immer	nie	immer	nie
1.	Ist bereit mit allen Mitschülern freiwillig zu arbeiten.								
2.	Beginnt sofort, ohne Arbeitsverzögerung.								
3.	Hält sein/ihr Arbeitsmaterial bereit.								
4.	Ihm/Ihr ist das Ziel der Arbeit klar.								
5.									

Während der Gruppenarbeit (Hauptphase)

	Namen:								
		immer	nie	immer	nie	immer	nie	immer	nie
1.	Übernimmt selbstständig Aufgaben.								
2.	Gibt eigene Beiträge zum Thema.								
3.	Achtet auf den, der redet.								
4.	Unterbricht andere.								
5.	Redet in der Lautstärke angemessen (nicht zu laut oder leise).								
6.	Beachtet die vorgegebene Zeit.								
7.	Ist abgelenkt und unkonzentriert.								
8.	Arbeitet zügig voran.								
9.	Schreibt mit.								
10.	Die Gruppe hat das Ziel erreicht.								
11.	Hat die anderen Gruppen gestört.								
12.									

Nach der Gruppenarbeit (Präsentationsphase)

	Namen:								
		immer	nie	immer	nie	immer	nie	immer	nie
1.	Übernimmt die Aufgabe des Gruppensprechers.								
2.	Übernimmt die Rolle des Zuhörers.								
3.	Verfolgt die Auswertung.								
4.									

ARGUMENTATION I

Gisela Wibbing

5 Unterrichtsstunden

Ziele und Überblick

- **Eine Argumentation durchführen können**
- **Bedeutung der Begriffe These, Argument (Basisargument), Gegenargument, Beleg, Schlussfolgerung kennen, richtig einsetzen und sprachlich angemessen miteinander verknüpfen**
- **Beherrschung verschiedener Aspekte der Argumentation, wie z. B. Meinung begründen, angemessen Kritik äußern, die Fähigkeit, adressatenbezogen zu argumentieren, Sache und Person zu trennen und den anderen zu respektieren**
- **Erkennen, das Argumentieren als sprachliches Handeln aus Fähigkeiten besteht, die erlernt und geübt werden müssen**

Kooperative Lernformen:
- ***Partnercheck***
- ***Marktplatz***

A	30 Min.	**Einstieg/ Erarbeitung 1**	Erklärung des Begriffs Argumentation
B	60 Min.	**Anwendung/ Erarbeitung 2**	Durchführung einer Argumentationskette zum Thema „Videoüberwachung auf dem Schulhof“
C	45 Min.	**Argumentations-Puzzle**	Woran erkenne ich ein Basisargument?

			Verknüpfung verschiedener Argumente
D	90 Min.	**Erarbeitung 3**	Konzeption und Präsentation eines Rollenspiels/Blitzlicht

Einleitung

Wer kennt sie nicht, die Situationen – auf dem Schulhof, beim Sport oder in der Klasse. Während des ganzen Vormittags ist es friedlich gewesen und plötzlich kippt die Stimmung, weil ein Schüler, aus welcher Motivation auch immer, einen Spruch bringt, der die anderen mundtot macht bzw. Aggressionen hervorruft. Deshalb gibt es an diesem Schwerpunkttag viele Gelegenheiten, das Argumentieren situativ an den Lebenskontext der Schüler gebunden zu üben.

Materialliste

- Anlage 1: Kopien im Klassensatz
- Anlage 2: Pro Gruppe einen Satz Karten
- Anlage 3: Kontrollblatt für den Lehrer
- Anlage 4: Folie
- Anlage 5: Kopien im Klassensatz
- Anlage 6: Kopien im Klassensatz

Planungsverlauf

A 30 Min. Einstieg/Erarbeitung 1

Anlage 1: Definition „Argumentation“

Begrüßung und Vorstellung des Themas.
Ausgehend vom Thema schließt die Frage an, ob die Schüler wissen, was eine Argumentation ist. Diese Frage kann im Unterrichtsgespräch erörtert werden. Sicherlich sind einige Grundkenntnisse vorhanden. Um diese zu

vervollständigen, erhalten die Schüler den Auftrag, die Definitionen von *Anlage 1* in Einzelarbeit zu lesen und Wichtiges zu markieren. Im Anschluss stellen sich die Schüler auf dem „Marktplatz“ die Definition zu Argumentation gegenseitig vor. Das erfolgt mit einer Wiederholung. Somit ist jeder Schüler einbezogen und jeder Schüler sollte in der Lage sein, am Ende dieser Phase eine Definition zu dem Begriff Argumentation zu geben.

B 60 Min. Anwendung /Erarbeitung 2

Anlage 2: Vorlage für die Kärtchen mit den Schülerstatements
Anlage 3: Lösungsvorschlag

Um das untere Schema auf *Anlage 1* noch einmal zu sichern, erhalten die Schüler (4er-Gruppe) Kärtchen mit Schülerstatements. Sie müssen diese Aussagen zunächst sortieren nach These, Argument, Begründung, Beleg und Schlussfolgerung. So entstehen verschiedene Stränge. Diese Argumentationsstränge dienen im Anschluss als Grundlage für eine Talkshow, die von den Schülern in den 4er-Gruppen vorbereitet und durchgeführt werden soll. Die Gruppen stellen ihre Ergebnisse vor, wobei je nach Klassengröße das Los entscheiden sollte, welche Gruppen vortragen.

C 45 Min. Argumentationspuzzle

Anlage 4: Beispiel (Folie)
Anlage 5: Argumentationspuzzle

Eine These wird nicht durch jedes Argument überzeugend begründet. Es gibt Argumente, von denen man sagt, sie seien „weit hergeholt“. Zwischen einer These und einem Argument, aber auch zwischen einer These und einem Gegenargument muss ein plausibler und schlüssiger Begründungszusammenhang bestehen. Dieses Argument nennt man dann Basisargument. Die Schüler sollen anhand der Folie klären, bei welchem der Argumente es sich um ein Basisargument handelt. Darüber hinaus sollen sie begründen, warum das auf die anderen Argumente nicht zutrifft.
Im Anschluss sollen die Schüler die einzelnen Aussagen so verknüpfen, dass plausible Argumentationen entstehen. Die Ergebnisse werden in Einzelarbeit schriftlich festgehalten. Die Auswertung findet im Unterrichtsgespräch statt.

D 90 Min. Erarbeitung 3

Anlage 6: Feedbackbogen

Die Schüler bereiten nun in 4er-Gruppen eine eigene Argumentation zu folgendem Thema vor: Die Schüler haben in der SV-Sitzung den Wunsch nach einer Projektwoche geäußert. Die SV-Lehrer haben diesbezüglich mit der Schulleitung gesprochen. Daraufhin werden die Schüler zu einer Lehrerkonferenz eingeladen, um die Vorschläge der SV-Vertreter einzubringen. Die Schüler bereiten sich sehr gründlich und ausführlich auf dieses Gespräch vor und beziehen auch den Blickwinkel des Lehrerkollegiums mit ein, indem sie auch die Gegenargumente in ihrer Argumentationskette berücksichtigen.
Ein Schüler pro Gruppe übernimmt die Rolle des Lehrerkollegiums, die anderen drei sind Schülervertreter.
Die Argumentationen werden als Rollenspiel in der Klasse vorgestellt und von den Mitschülern beurteilt (s. Feedbackbogen).
Im anschließenden Gespräch wird Gelungenes und weniger Gelungenes festgehalten. Jeder formuliert für sich ein Statement, wie er mit dem Feedback umgehen wird und welches „argumentative" Ziel er sich setzt, an dem er weiterarbeiten will.

Abschluss des Tages evtl. mit Blitzlicht o. Ä.
Hinweis für die Schüler, dass die Unterlagen für die Durchführung des nächsten Schwerpunkttags Kommunikation wieder mitgebracht werden müssen, da mit den Ergebnissen des heutigen Tages weiter gearbeitet wird.

Ende

Argumentation I *Anlage 1*

Definition

Beim Argumentieren macht man zunächst Aussagen, die
- Vermutungen aufstellen
- Feststellungen treffen
- Erklärungen abgeben
- Beurteilungen vornehmen

Thesen

Oftmals werden deine Auffassungen und Behauptungen über das Thema, deine Thesen, nicht von anderen geteilt. Diese strittigen Thesen bilden meist den Ausgangspunkt zu einer Argumentation. Wenn du deine Adressaten überzeugen willst, musst du deine Meinung mit Argumenten begründen und auch zu erwartende Gegenargumente schon vorher überlegen, um in der Argumentation gewappnet zu sein. In einer Argumentation gehören Argument und Gegenargument stets zueinander.

Argumentation

In einer Argumentation
- verknüpft man eine These mit Begründungen und Beispielen, um einen Standpunkt darzustellen und zu verteidigen,
- versucht man den Adressaten, sofern dieser anderer Meinung ist, von der Richtigkeit der Thesen zu überzeugen, indem man Begründungen formuliert, unterstützende Beispiele und Belege hinzufügt,
- zieht man aus dem Gesagten Schlussfolgerungen.

These und Argument (Begründung und Beispiel) bilden das Gerüst einer Argumentation

These

Argument 1	Argument 2	Argument 3
Begründung zu Argument 1	Begründung zu Argument 2	Begründung zu Argument 3
Beispiel/Beleg zu Argument 1	Beispiel/Beleg zu Argument 2	Beispiel/Beleg zu Argument 3

Bitte diese Vorlagen von der CD-ROM ausdrucken.

Argumentation I — *Anlage 2, Teil 1*

Kärtchen für Statements

Videoüberwachung ist heute gang und gäbe.	Sie dient zur Identifizierung der Täter.	Sie trägt zur schnelleren Aufklärung bei.
Schulleiter möchte das Sicherheitsgefühl in der Schule stärken.	Schulen müssen vor fremden Personen geschützt werden.	Videoüberwachung ist praktikabel.
Es muss kein zusätzliches Personal eingestellt werden.	Sie kann weitreichend eingesetzt werden.	Hausmeister sind heute überfordert.
Sie müssen in kürzester Zeit immer mehr Aufgaben erfüllen.	Das Reinigungspersonal ist erst am Nachmittag da.	In Schulzentren fehlt oft die Kontrolle.

Argumentation I — *Anlage 2, Teil 2*

Die Größe eines Schulzentrums ist oft unübersichtlich.	Fremde haben ein leichtes Spiel.	Viele Verschmutzungen und Beschädigungen werden nicht von den eigenen Schülern verursacht.
Viele Delikte werden von Schulfremden begangen.	Videoüberwachung sollte auch auf den Schulweg ausgedehnt werden.	Auf dem Schulweg lauern die meisten Gefahren.
Bei der Videoüberwachung wird zu wenig auf den Schutz des Persönlichkeitsrechts geachtet.	Schüler fühlen sich immer beobachtet und kontrolliert.	Die Schüler bewegen sich nicht mehr ungezwungen.
Videoüberwachung verhindert keine Gewalttaten.	Risiken werden nur vom Schulhof auf den Schulweg verlagert.	

Lösungsvorschlag

Einteilung in These, Argument, Beleg und Schlussfolgerung:

Videoüberwachung ist heute gang und gäbe.	***These***
Sie dient zur Identifizierung der Täter.	***Argument***
Sie trägt zur schnelleren Aufklärung bei.	***Argument***
Schulleiter möchte das Sicherheitsgefühl in der Schule stärken.	***These***
Schulen müssen vor fremden Personen geschützt werden.	***These***
Videoüberwachung ist praktikabel.	***These***
Es muss kein zusätzliches Personal eingestellt werden.	***Argument***
Sie kann weitreichend eingesetzt werden.	***Argument***
Hausmeister sind heute überfordert.	***These***
Sie müssen in kürzester Zeit immer mehr Aufgaben erfüllen.	***Argument***
Das Reinigungspersonal ist erst am Nachmittag da.	***Argument***
In Schulzentren fehlt oft die Kontrolle.	***These***
Fremde haben ein leichtes Spiel.	***Schlussfolgerung***
Viele Verschmutzungen und Beschädigungen werden nicht von den eigenen Schülern verursacht.	***Beleg***
Viele Delikte werden von Schulfremden begangen.	***Beleg***
Videoüberwachung sollte auch auf den Schulweg ausgedehnt werden.	***These***
Auf dem Schulweg lauern die meisten Gefahren.	***Argument***
Bei der Videoüberwachung wird zu wenig auf den Schutz des Persönlichkeitsrechts geachtet.	***These***
Schüler fühlen sich immer beobachtet und kontrolliert.	***These***
Die Schüler bewegen sich nicht mehr ungezwungen.	***Schlussfolgerung***
Videoüberwachung verhindert keine Gewalttaten.	***These***
Risiken werden nur vom Schulhof auf den Schulweg verlagert.	***Schlussfolgerung***

Argumentation I — *Anlage 4*

Argumentationsbeispiel

Zu der These:

„Stundenlanges Sonnenbaden ist ungesund"

können folgende Argumente gebracht werden:

1. … weil die Sonnencreme nicht dauerhaft vor Schäden schützt.
2. … weil alles, was man zu lange macht, nicht gut ist.
3. … weil die meisten Leute immer noch nicht begriffen haben, dass auch scheinbar angenehme Dinge gefährlich sein können.
4. … weil die gefährlichen UV-Strahlen der Sonne die Haut schädigen.

⇨ Welches der hier vorgebrachten Argumente ist ein Basisargument und steht damit in Zusammenhang zu der These?

Argumentationspuzzle

1. Viele Menschen dringen auf sofortige Erfüllung ihrer Wünsche.
2. Der Regenwald stirbt.
3. Rauchen wird mehr und mehr zum Gesundheitsrisiko Nr. 1 für Frauen.
4. Die Parteien setzen den Ruf unserer parlamentarischen Demokratie aufs Spiel.
5. Solche Spiele stehen im Verdacht Gewaltbereitschaft zu fördern.
6. Der Gesetzgeber sollte daher schleunigst handeln.
7. Viele Unfälle passieren auf Schnee- und Eisglätte.
8. Das Klonen von menschlichem Erbgut muss verboten werden.
9. Sonnenenergie ist wohl der wichtigste Energielieferant der Zukunft.
10. Skandale über Vorteilsannahme von Politikern gehören heute schon fast zum Alltag.
11. Die Industrieländer verbrauchen zu viel Tropenholz.
12. Die Weichen für die Zukunft müssen schon heute gestellt werden.
13. Jede Schule muss ans Netz.
14. Teamarbeit ist sehr wichtig.
15. Ladendiebstähle beschäftigen heute immer noch die Gerichte.
16. Die Rechtssprechung muss den in der Gesellschaft längst vollzogenen Wandel in der Bewertung solcher Delikte erst noch nachvollziehen.
17. Winterreifen gehören heute zur Sicherheitsausstattung von Kraftfahrzeugen in der kalten Jahreszeit.
18. Heutzutage können viele Arbeiten nicht mehr von einem Einzelnen erledigt werden.
19. Die Ratenzahlung ist heute ein beliebtes Mittel zur Finanzierung von Konsumwünschen.
20. Shooter-Spiele für den Computer werden von vielen Erwachsenen mit großer Sorge betrachtet.
21. Die Zahl der an Lungenkrebs erkrankten Raucherinnen steigt dramatisch an.
22. Das Internet ist ein unverzichtbares Kommunikationsinstrument unserer Zeit.

Aufgabe:

⇨ Verbinde unter Verwendung von Konjunktionen und Redewendungen die Aussagen so, dass eine plausible Argumentation entsteht.

Beispiel:

11 + 2 Der Regenwald stirbt, weil die Industrieländer zu viel Tropenholz verbrauchen.

Bitte diese Vorlagen von der CD-ROM ausdrucken.

Argumentation I — *Anlage 6*

	Der Beitrag von ______	Der Beitrag von ______	Der Beitrag von ______	Der Beitrag von ______
Die These dieser Argumentation lautete:				
Es wurden Argumente und Gegenargumente eingesetzt. Nenne Beispiele!				
Es wurden Fakten, Grundsätze und Stützungen eingeflochten.				
Es gab einen Lösungsvorschlag, der lautete …				
Das Ergebnis dieser Argumentation war …				

ARGUMENTATION II – FÜNFSATZ

Gisela Wibbing

6 Unterrichtsstunden

Ziele und Überblick

- **Erkennen, dass Argumentieren als sprachliches Handeln aus Fähigkeiten besteht, die erlernt und geübt werden müssen**
- **Bestandteile einer Argumentation benennen**
- **Die Fünf-Satz-Methode kennen und anwenden**
- **Mithilfe der Fünf-Satz-Methode Statements kurz und prägnant formulieren**
- **Mithilfe der Fünf-Satz-Methode Inhalte kurz und klar wiedergeben**

Kooperative Lernformen:
- ***Marktplatz***
- ***Ausstellung***

A	45 Min.	**Einstieg/ Erarbeitung 1**	„Learn and move“ – Welche These und welches Argument passen zusammen?
B	45 Min.	**Erarbeitung 2**	Pro- und Kontra-ABC
C	10 Min.	**Lehrervortrag**	Vorstellung der Fünf-Satz-Methode
D	45 Min.	**Erarbeitung 3**	Übung der Fünf-Satz-Methode mit den Inhalten aus Phase A und B

E	90 Min.	**Erarbeitung 4/ Übung, Sicherung**	Circle-Training zum Fünfsatz
F	45 Min.	**Lösung**	Vorstellen der Ergebnisse, Blitzlicht

Einleitung

Im Baustein *Argumentation I* haben die Schüler die einzelnen Bestandteile einer Argumentation kennen gelernt. Diese Inhalte sollen im ersten Teil dieses Bausteins wiederholt, gefestigt und angewendet werden.
Im zweiten Teil des Tages geht es um die Technik des Fünfsatzes, bei dem zu unterschiedlichen Themen und Inhalten in systematisierter Form fünf Sätze formuliert und präsentiert werden.
Durch die Festlegung auf fünf Sätze wird eine einfache, unstrukturierte Nacherzählung verhindert. Außerdem erfolgen eine Konzentration und Reduktion auf das Wesentliche.

Materialliste

- Anlage 1 a — Vorlage für den Lehrer
- Anlage 1 b — je ein Kärtchen pro Schüler
- Anlage 1 c — Lösungsvorschlag für den Lehrer
- Anlage 2 — Folie
- Anlage 3 — Folie
- Anlage 4 — Folie
- Anlage 5 — Kopien in Klassenstärke
- Anlagen 6 a, b — 1 Stationenblatt + Kopien des Textes in Klassenstärke
- Anlage 6 c — 1 Stationenblatt
- Anlagen 6 d, e — 1 Stationenblatt + Kopien des Textes in Klassenstärke
- Anlage 6 f — 1 Stationenblatt
- Anlagen 6 g, h — 1 Stationenblatt + Kopien des Textes in Klassenstärke
- Anlagen 6 i, j — 1 Stationenblatt + Kopien des Textes in Klassenstärke
- Anlage 6 k — 1 Stationenblatt
- Anlage 6 l — 1 Stationenblatt
- Anlage 7 — Kopien in Klassenstärke
- Anlage 8 — Kopien in Klasssenstärke

Planungsverlauf

A 45 Min. Einstieg/ Erarbeitung 1

Anlagen 1 a – c

Begrüßung und Vorstellung des Themas.
Anknüpfend an den letzten Baustein *Argumentation I* werden im ersten Teil dieses Tages die bereits erarbeiteten Inhalte kurz wiederholt und mithilfe der Methode „Marktplatz" gefestigt. Dazu erhält jeder Schüler einen Zettel mit einer Aussage. Nun soll durch Befragen der Mitschüler herausgefunden werden, welche Aussagen zueinander passen, um einfache, plausible Argumentationen zu bilden.

Die Aussagen entstammen ganz verschiedenen Bereichen, können aber zum Teil untereinander variabel verwendet werden. Am Ende soll das Ganze jedoch plausibel aufgehen und die Schüler, die sich gefunden haben, stellen ihre kleine Argumentation schlüssig vor.
Im Anschluss arbeiten die Paargruppen mit ihren Argumentationen weiter, indem sie zu jeder These drei Pro- und Contraargumente finden müssen. Diese werden mithilfe von Konjunktionen verbunden (s. *Argumentation I*).

B 45 Min. Erarbeitung 2

Anlage 2: Idee oder Beispiel für das ABC (Folie)

Die Schüler sammeln in 4er-Gruppen mithilfe des Argumentations-ABCs Argumente, die für und gegen das Roller fahren sprechen. Diese Argumente sollen als Stichworte an das ABC angekettet werden. Dieses ABC wird dann in Form der Ausstellung ausgewertet, d. h. jeder Schüler muss in der Lage sein, sein Arbeitsergebnis im Kontext zu präsentieren (Konjunktionen verwenden!).
Jeder Schüler ergänzt seine Aufzeichnungen um die neuen Ideen, die er während der Ausstellung bekommt.

C 10 Min. Lehrervortrag

Anlage 3 und 4: Fünf-Satz-Methode (Folie)

In dem nun folgenden Lehrervortrag stellt der Lehrer die Prinzipien, die dieser Methode zugrunde liegen, dar.
Seinen Namen hat der Fünfsatz von seinem fünfteiligen Aufbau. Dieser sieht bei der Gestaltung von Diskussionsbeiträgen, Reden, Argumentationen und schriftlichen Stellungnahmen, die Abfolge von fünf Schritten vor.

Mit dem so genannten Fünfsatz lassen sich Diskussions- und Argumentationsbeiträge wirkungsvoll gestalten. Er eignet sich als Planungs- und Formulierungsmodell dazu, eine folgerichtige Argumentation einprägsam zu entwickeln. Dabei wird auf einen Zielsatz hingearbeitet, der das Argumentationsziel in einer strittigen Auseinandersetzung umfasst. Dieses Argumentationsziel erscheint dabei als Appell.
Diese Argumentationsfigur findet sich auch in Geschäftsbriefen, in schriftlich formulierten Anträgen, auf Flugblättern usw. wieder.

Je nach Kontext, in dem der Fünfsatz Anwendung findet, kann man ihn als Frage- oder als Problemlösungs-Fünfsatz einsetzen (s. Folie). Als Sicherung wird ein Fünfsatz gemeinsam an der Tafel entwickelt.

D 45 Min. Erarbeitung 3

Anlage 5: Reflexionsbogen

Im Anschluss an den Lehrervortrag formulieren die Schüler zu den Thesen, Argumenten und Gegenargumenten aus Phase A und B in Einzelarbeit zwei Fünfsätze. Diese werden in 4er-Gruppen vorgetragen. Jeder erhält ein Feedback auf dem Reflexionsbogen. Besonders gelungene Fünfsätze werden der gesamten Klasse vorgestellt.

E 90 Min. Erarbeitung 4, Übung, Sicherung

Anlage 6 a–l: Stationenblätter für das Circle-Training
Anlage 7: Formulierungspool zum Argumentieren
Anlage 8: Vorschlag einer Evaluation

Die Schüler haben jetzt Gelegenheit in 4er-Gruppen Fünfsätze zu verschiedenen Themenstellungen zu üben, kreativ mit Text umzugehen, ihn zu verarbeiten. Alle Schüler bearbeiten alle Stationen.

Die Ergebnisse sollen von jedem Schüler schriftlich fixiert werden.

F 45 Min. Lösung

Die Stationen werden den Schülergruppen zugelost und jede Gruppe stellt ihren Fünfsatz zu der Station vor.
Es besteht die Möglichkeit direkt im Anschluss an jede Präsentation ein Feedback zu geben. Orientierungspunkt kann dabei der Bogen aus Phase D sein.

Abschluss des Tages evtl. mit Blitzlicht o. Ä.
Hinweis für die Schüler, dass die Unterlagen für die Durchführung des nächsten Schwerpunkttags Kommunikation wieder mitgebracht werden müssen, da mit den Ergebnissen des heutigen Tages weiter gearbeitet wird.

Ende

Argumentation II – Fünfsatz *Anlage 1 a*

Learn and Move

1. Bauchfrei sollte in der Schule verboten werden.
2. Aufgrund des Dollarkurses nehmen die Buchungen bei Fernreisen deutlich zu.
3. Rauchen gefährdet die Gesundheit!
4. Computerspiele lösen nicht automatisch Gewaltbereitschaft aus.
5. Die Küche ist der natürliche Lebensraum der Frau.
6. Entzündungen nehmen immer mehr zu.
7. Ohrfeigen haben noch keinem geschadet.
8. Die Menschen werden für dumm verkauft.
9. Alkopops sollten verboten werden.
10. Viele Menschen bekommen ein völlig falsches Bild.
11. Der Mann legt mehr Wert auf sein Äußeres.
12. Handyverbot in der Schule ist in Ordnung.
13. Die Schule vermittelt wichtige Techniken.
14. Schüler sollten ihren Lehrern Noten erteilen.
15. Türken stinken immer nach Knoblauch.
16. Die Sprachdefizite unserer ausländischen Mitbürger sind oft groß.
17. Talkshows sind das Spiegelbild der Gesellschaft.
18. Piercing ist gefährlich.
19. Immer mehr Frauen drängen in die Berufstätigkeit.
20. Jeder reagiert anders.
21. Alkoholmissbrauch bei Jugendlichen nimmt immer mehr zu.
22. Rechtschreibförderung ist ein wichtiger Bestandteil.
23. Fremdgehen ist gefährlich.
24. Jeder soll tragen, was ihm gefällt.
25. Zensuren geben Rückmeldung über Leistung.
26. Der Verbrauch dieses Gewürzes nimmt bei den Deutschen ständig zu.
27. Die Deutschen treibt das Fernweh.
28. Grundlage für eine gute Beziehung ist Treue und Vertrauen.
29. Männer sind immer häufiger Kunde in Parfümerien.
30. Gerichtsshows am Nachmittag verzerren den Alltag im Gericht.
31. Zigarettenwerbung sollte grundsätzlich verboten werden.
32. Anrufe während der Schulzeit sind überflüssig.
33. Externer Sprachunterricht ist notwendig.
34. Immer häufiger wird der Kinderschutzbund auf Kindesmisshandlungen aufmerksam gemacht.

Learn and Move – Kärtchen

1. Bauchfrei in der Schule sollte verboten werden.	2. Aufgrund des Dollarkurses nehmen die Buchungen bei Fernreisen deutlich zu.	3. Rauchen gefährdet die Gesundheit!
4. Computerspiele lösen nicht automatisch Gewaltbereitschaft aus.	5. Die Küche ist der natürliche Lebensraum der Frau.	6. Entzündungen nehmen immer mehr zu.
7. Ohrfeigen haben noch keinem geschadet.	8. Die Menschen werden für dumm verkauft.	9. Alkopops sollten verboten werden.
10. Viele Menschen bekommen ein völlig falsches Bild.	11. Der Mann legt mehr Wert auf sein Äußeres.	12. Handyverbot in der Schule ist in Ordnung.

13. Die Schule vermittelt wichtige Techniken.	14. Schüler sollten ihren Lehrern Noten erteilen.	15. Türken stinken immer nach Knoblauch.
16. Die Sprachdefizite unserer ausländischen Mitbürger sind oft groß.	17. Talkshows sind das Spiegelbild der Gesellschaft.	18. Piercing ist gefährlich.
19. Immer mehr Frauen drängen in die Berufstätigkeit.	20. Jeder reagiert anders.	21. Alkoholmissbrauch bei Jugendlichen nimmt immer mehr zu.
22. Rechtschreibförderung ist ein wichtiger Bestandteil.	23. Fremdgehen ist gefährlich.	24. Jeder soll tragen, was ihm gefällt.

Bitte diese Vorlagen von der CD-ROM ausdrucken.

Argumentations-ABC

A
Bequemlichkeit
C
D
E
Flexibilität
H
I
J
K
L
M
N
O
Pünktlich
Q
R
S
Trendy
Urlaub
V
W
X
Y
Z

Der Fünfsatz

Fünfsatz in Frageform	*Problemlösungs-Fünfsatz*
1. Warum rede ich?	1. Untersuchung der augenblicklichen Lage: Fakten, Ausgangsthese.
2. Um welchen Sachverhalt geht es?	2. Untersuchung der Ursachen für das Problem.
3. Was folgt für mich daraus?	3. Bestimmung des Zieles: Was soll erreicht/geändert/gelöst werden?
4. Welche Lösungsmöglichkeiten sehe ich?	4. Lösungsvorschläge und geeignete Maßnahmen, um das Ziel zu erreichen.
5. Was ist zu tun?/Wie ist das Ganze zu bewerten?	5. Aufforderung/Appell, diese Maßnahme durchzuführen.

Die Fünfsatz-Methode

1. Den Standpunkt nennen

Ich finde, in den Diskotheken sollte viel strenger kontrolliert werden.

↓

2. Argument zur Begründung anführen

Stichproben der Polizei haben ergeben, dass immer jüngere Schüler alkoholisiert nach Mitternacht angetroffen werden.

↓

3. Mit einem Beispiel veranschaulichen

Erst am letzten Wochenende hat die Polizei in einer Diskothek zehn fünfzehnjährige Schüler um zwei Uhr nachts aufgegriffen und nach Hause gebracht.

↓

4. Fazit/Konsequenzen ziehen

Daher sollten die Kontrollen am Eingang der Diskotheken verstärkt werden, um einen Eintritt gar nicht erst möglich zu machen.

↓

5. Appell ausdrücken

Darüber hinaus sind auch die Eltern aufgefordert im Sinne des Jugendschutzgesetzes auf ihre Kinder zu achten.

Bitte diese Vorlagen von der CD-ROM ausdrucken.

Argumentation II – Fünfsatz *Anlage 5*

Reflexionsbogen

	Fünfsatz - Feedback zu ______	Fünfsatz - Feedback zu ______	Fünfsatz - Feedback zu ______	Fünfsatz - Feedback zu ______
Thema des Fünfsatzes				
Standpunkt zu Beginn genannt? Welchen?				
Argument zur Begründung angeführt? Welches?				
Mit einem Beispiel veranschaulicht? Welches?				
Fazit/Konsequenz genannt? Welches/Welche?				
Appell/Schlussfolgerung ausgedrückt? Welchen/Welche?				
Tipps für den nächsten Fünfsatz				

Bitte diese Vorlagen von der CD-ROM ausdrucken.

Station 1

⇨ Lies den Text und markiere die wichtigsten Aspekte, die im Text aufgegriffen werden.

⇨ Formuliere ein Fünfsatz-Statement, das die Aussage des Textes wiedergibt.

Bitte diese Vorlagen von der CD-ROM ausdrucken.

DIE ZEIT

13/2001
M O B I L K O M M U N I K A T I O N

"Ich will 'n Handy!"

Wozu braucht ein knapp Elfjähriger drahtloses Gequassel?

Burkhard Strassmann

„Ich will 'n Hund!" So ging das jahrelang, mal bittend, mal bettelnd, mal flehend. Gottlob war der Sohn noch klein, den erwachsenen Argumenten gegen einen Hund (Futterkosten! Wer geht immer Gassi? Na?? Wer??? Und nie mehr Urlaub!) hatte er nichts entgegenzusetzen als immer nur wieder: „Ich will 'n Hund!" Natürlich blieben wir hart. Als Kompensation gab es Zoobesuche.

Jetzt ist er groß. Elf Jahre. In sechs Wochen. Die wunderbare, ruhige und freundliche Latenzphase neigt sich dem Ende zu. Jüngling wird man nämlich heutzutage schon mit elf Jahren. Sechs Wochen vor dem Geburtstag ist plötzlich von Hund keine Rede mehr. „Ich will 'n Handy!" Nicht bittend, bettelnd oder flehend: fordernd! „Die meisten in meiner Klasse haben ein Handy, meine Freunde haben alle ein Handy. Ich will 'n Handy."

Ein Handy für Elfjährige? Kommt gar nicht in die Tüte. Argumentativ bin ich in dieser Frage noch besser abgesichert als in der Hundefrage (Kein Mensch braucht wirklich ein Handy, Kinder schon gar nicht, was haben die sich schon mitzuteilen außer Unfug, außerdem sind Handys ungesund, Kinder sollen nicht ständig solche Wertgegenstände mit sich rumtragen, und wenn die Prepaid-Card abtelefoniert ist, wer bezahlt die Aufladung? Na?? Wer??? Am Ende nehmt ihr euch gegenseitig die Markenklamotten ab und überfallt Tankstellen, man kennt das ja). Dummerweise fangen fast Elfjährige plötzlich an zu argumentieren, dass man sich die Augen reibt.

Erstens hätten wir ja auch ein Handy. Zweitens sei es ja auch sooo wichtig, wenn ich Oma von unterwegs anriefe und über das Wetter in Kassel redete. Dass Handys ungesund sind, sei nicht bewiesen, und Kinder verschickten ja meistens SMS, da könnten die Wellen das Gehirn nicht stören. Teure Gegenstände trüge man heute ohnehin mit sich herum, die Fishbone-Jacke sei zum Beispiel doppelt so teuer wie ein Handy, und wenn die Prepaid-Card leer sei, sei sie eben leer. Dann müsse an Süßigkeiten gespart werden, was wir Eltern doch gut finden sollten. Und außerdem sei man heute ohne Handy ein Niemand.

Für Diskussionen mit fast Elfjährigen lohnt es sich, ausgeschlafen zu sein. Und wohl informiert. Die Briten wollen Handys nur noch mit Warnhinweis zulassen: Kids, fasst euch kurz, telefoniert, wenn es wichtig ist, sonst lasst es sein! Die Schädeldecke von Kindern ist dünner und durchlässiger für elektromagnetische Strahlung als bei Erwachsenen. Kopfschmerzen, Erinnerungs- und Schlafstörungen drohen, sagen britische Wissenschaftler. Die Disney Company hat im verga ngenen Jahr verboten, Handy-Schutzhüllen mit Mickymäusen zu schmücken. Und namhafte Psychologen warnen vor Schäden im psychologischen Reifungsprozess, weil Handys Heranwachsende daran hindern, sich aus kindlichen Abhängigkeiten zu lösen.

Er wolle ja, kontert der fast Elfjährige, gar kein strahlungsintensives Handy haben. Im Fernsehen habe er einen Handy-Test gesehen: Fast am meisten Energie verstrahle mein Motorola, während sein Wunsch-Nokia Testsieger sei! In derselben Sendung hätte ein Psychologe gesagt, durch ein Handy lernten Kinder, mit dem Taschengeld hauszuhalten. Und in Dänemark hätten Forscher festgestellt, dass Kinder ohne Handy sozial isoliert seien.

Sozial isoliert! Welcher Erwachsene wünscht das seinem Kind? Trotzdem: In der heutigen Zeit ist es wichtig, den Kindern Grenzen aufzuzeigen. Profil zu demonstrieren. Kein Weichei zu sein! Egal, ob Hund oder Handy, ich sage: nein!

Der Sohn starrt mich an wie einen Außerirdischen, völlig fassungslos, dann versteht er die Welt nicht mehr und bricht in Tränen aus. Zu ungeheuerlich ist dieses Unrecht! (Was den Vater sofort an die Zeit erinnert, als er selber darum kämpfte, Bluejeans tragen zu dürfen, aber das war etwas ganz anderes, denn damals ging es um Protest, nicht um Konsum.) Der Junge daraufhin, tränenerstickt: „Dann kauf ich mir selbst ein Handy!"

Am Ende hat er sich zum elften Geburtstag von allen Verwandten und Bekannten Geld gewünscht und dieses sündteure Mountainbike gekauft, das alle in seiner Klasse und erst recht alle Freunde haben. Eltern, Verwandte und Bekannte waren sehr erleichtert, erinnert ein Mountainbike doch wenigstens von weitem an sportliche Betätigung.

Von einem Handy ist seitdem keine Rede mehr. Warten wir also die kommende Vorweihnachtszeit ab.

ARGUMENTATION III –

STAMMTISCHPAROLEN

Gisela Wibbing

6 Unterrichtsstunden

Ziele und Überblick

- **Den Begriff „Stammtischparole" definieren und seine Eigenschaften erklären**
- **Mit Stammtischparolen umgehen können**
- **Wissen, dass eine Entkräftung von Stammtischargumenten nur sachlich gut recherchiert geschehen kann**
- **Sachargumente einsetzen, um Stammtischparolen etwas entgegenzusetzen**
- **Anwendung der Fünf-Satz-Methode**

Kooperative Lernformen:
- ***Galeriegang***
- ***Think-Pair-Share***

A	35 Min.	**Einstieg/ Problematisierung**	Karikatur als Hinführung, Definition von Stammtischparolen
B	45 Min.	**Erarbeitung 1**	Stammtischgespräch mit verteilten Rollen
C	20 Min.	**Reflexion**	Einschätzungen des Gesprächs
D	60 Min.	**Erarbeitung 2**	Beleuchtung von verschiedenen Aspekten eines Stammtischgesprächs, Galeriegang

E	30 Min.	**Sensibilisierung**	Psychologische Aspekte und die eigene Subjektivität/Auswege aus dem Vorurteil
F	45 Min.	**Erarbeitung 3**	Argumentation erarbeiten mit faktischer Untermauerung
G	45Min.	**Vorstellung, Feedback**	Durchführung und Präsentation der erarbeiteten Argumentationen, Blitzlicht

Einleitung

Jeder kennt Situationen, in denen mit dumpfen Parolen und platten Sprüchen Vorurteile oder Diskriminierungen beiläufig oder mit aggressiver Rechthaberei ungeniert vorgetragen werden – etwa beim Familienfest, im nachbarschaftlichen Gespräch, an der Supermarktkasse oder tatsächlich am Stammtisch.
Stammtische sind in der Regel gemütlich und erfreulich. – Dass, was als „Stammtischparolen" bekannt ist, ist eher das Gegenteil von erfreulich.
Wenn man sie hört, ist man oft ratlos, wie man darauf reagieren soll: „Ausländer leben nur auf unsere Kosten", „Jugendliche sind kriminell und arbeitsscheu", „Berufstätige Frauen sind Schuld am Scheitern ihrer Ehe". Stammtischparolen sind Wort gewordene Vorurteile. Sie sind nach einem einfachen Muster gestrickt: die anderen sind Schuld, mir wird böse mitgespielt, anderen geht es immer besser.
Diese Tendenz lässt sich in einigen Bereichen auch in der Schule beobachten. Schüler dafür zu sensibilisieren und ihnen Techniken an die Hand zu geben, mit denen sie so genannten Stammtischparolen begegnen können, ist Ziel dieses Bausteins. Dabei greifen sie auf Erkenntnisse aus den Bausteinen *Argumentation I* und *Argumentation II* zurück.

Materialliste

- Anlage 1 Folie
- Anlage 2 Info für den Lehrer evtl. Folie als Info für die Schüler

- Anlage 3 Kopien in Klassenstärke
- Anlagen 4 a – c Vorlagen für den Galeriegang
- Anlage 5 Folie
- Anlage 6 Kopien in Klassenstärke
- Anlage 7 Kopien in Klassenstärke
- Anlage 8 Kopien in Klassenstärke

Plakate und Eddings für den Galeriegang

Planungsverlauf

A 35 Min. Einstieg/Problematisierung

Anlage 1: Karikatur
Anlage 2: Infos zum Begriff Vorurteil

Begrüßung und Vorstellung des Themas.
Als Impuls sehen die Schüler am OHP eine Karikatur, die eine Stammtischszene zeigt. Die Schüler sollen die Situation beschreiben und Stellung zu der Aussage in der Sprechblase nehmen und so zum Thema des Tages hinleiten. Ziel ist es, am Ende dieser Phase eine Definition für Stammtischparolen zu formulieren.
Die Schüler definieren Stammtischparolen meist als Vorurteil. Um den Begriff Vorurteil noch weiter ausdifferenzieren zu können, dient *Anlage 2* als Anregung für den Lehrer. Im Anschluss sollen die Schüler in Partnerarbeit Stammtischparolen sammeln und an der Tafel in Form einer Stafettenpräsentation auflisten.

B 45 Min. Erarbeitung 1

Die Klasse wird in 4er-Gruppen eingeteilt. Jede Gruppe sucht eine Stammtischparole aus dem Pool, der an der Tafel hängt, aus und bereitet ein Stammtischgespräch vor. Je zwei Schüler übernehmen die Proseite und je zwei die Kontraseite. Nachdem sich die Gruppe für eine Parole entschieden hat, sammelt jeder Schüler für seine Position entsprechende Argumente.
Anschließend Durchführung der Gespräche in den Gruppen in Form von Rollenspielen. Einzelne Gespräche werden in der Klasse vorgestellt.

C 20 Min. Reflexion

Nach der Durchführung werden die Schüler im Plenum um eine Rückmeldung gebeten. Folgende Aspekte können dabei aufgegriffen werden:

- Wie habe ich mich in der Rolle gefühlt?
- Wie habe ich mich in meiner Rolle engagiert?
- Welche Position konnte sich durchsetzen, welche war die unterlegene?
- Warum?

Abschlussfrage: Welche Möglichkeiten haben wir in einem aggressiv-provokanten Gespräch zu reagieren?
Erwartungshorizont:

- Verständnisvolle Reaktion (der/die hat wohl momentan viel Stress, steht unter Druck …)
- Bewusstes Ignorieren der Situation
- Mit Fragen antworten/nachbohren
- Mit Argumenten (wenn sachliche Sicherheit vorhanden ist)
- Mitteilen eigener Gefühle (Ich-Botschaften)
- Akzeptieren der Provokation
- Rückzug

Wenn diese Punkte nicht genannt werden, eventuell als Input nachreichen. Im Anschluss sollen die Schüler, auf ihr konzipiertes Gespräch bezogen, die oben genannten Möglichkeiten durchspielen.

D 60 Min. Erarbeitung 2

Anlage 3: Text[1]
Anlagen 4a–c: Thesen und Karikaturen für den Galeriegang

Gemeinsames Lesen des Textes mit verteilten Rollen.
Die Schüler werden in 4er- oder 5er-Gruppen eingeteilt und bearbeiten im Anschluss an das Lesen verschiedene Aufgaben zu dem Text in Form eines Galeriegangs. Als Diskussionsanlass werden Fragen und Karikaturen in den Galeriegang eingeflochten. Jede Gruppe hat ca. drei Minuten pro Aufgabe.

[1]Text und Anregungen in diesem Kapitel aus Klaus-Peter Hufer, Argumentationstraining gegen Stammtischparolen. Wochenschau Verlag, 2001, S. 38, 39, 40

Wenn jede Gruppe wieder an ihrem Ausgangsplakat angelangt ist, gehen die Schüler die Kommentare durch und bereiten sich auf eine Präsentation vor. Die Wahl des Präsentierenden erfolgt nach dem Zufallsprinzip.
Abschließend wird im Unterrichtsgespräch geklärt, welche Rückschlüsse und Erkenntnisse aus dieser Arbeitsphase gezogen werden können.

E 30 Min. Sensibilisierung

Anlage 5: „Männer" (Folie), Auflösung S. 207
Anlage 6: „Partnerschaftsanzeigen" (Arbeitsblatt)
Anlage 7: „Wohngemeinschaft" (Arbeitsblatt)

Dass es sich bei Stammtischparolen um Vorurteile handelt, ist schon zu Beginn des Bausteins besprochen worden. Woher kommen diese Vorurteile und warum hat jeder andere? In der folgenden Sequenz sollen die Schüler für die psychologische Seite, die Stammtischparolen zugrunde liegt, sensibilisiert werden.
In der Diskussion über diese Materialien geht es um die Frage nach dem ersten Eindruck, den Kriterien einer spontanen Bewertung und darum, wie ein Urteil zu Stande kommt und wie zuverlässig dies sein kann. Vor dem Urteil ist bereits ein Vorurteil vorhanden. Dieses Vorurteil wird nicht reflektiert, es dient als Orientierungshilfe für den Alltag. Die Gefahr des Vorurteils liegt aber darin, dass es schnell umschlagen kann in Feindseligkeit, Fundamentalismus und Hass.
Vorurteile kann man nur mit Aufklärung, Information, Reflexion, Begegnung und neuen Erfahrungen erschüttern und auflösen.

Die Schüler sollen in Einzelarbeit überlegen, wer wer ist. Ihre Vorschläge werden vorgestellt und begründet. Dabei zeichnet sich schon ab, dass jeder Schüler andere Bilder im Kopf hat.
Um dieses weiterzuführen erhält jeder Schüler zwei Arbeitblätter, deren Aufgaben nach dem Prinzip „Think-Pair-Share" bearbeitet werden sollen.
Interessant ist nicht das Ergebnis, sondern der Prozess, bzw. die Reflexion darüber, inwieweit sich die Blickwinkel der einzelnen Schüler unterscheiden und warum.
Welche Rückschlüsse lassen sich für den Umgang mit Stammtischparolen daraus ziehen? Die Schüler formulieren fünf Tipps, wie man Vorurteilen am besten begegnen kann.

F 45 Min. Erarbeitung 3

Die Schüler sollen nun in 4er-Gruppen Argumente gegen eine der folgenden provokanten Thesen formulieren und einen Fünfsatz erstellen:

1. Fernsehen macht dumm und aggressiv.
2. Ohrfeigen haben noch keinem geschadet – mir auch nicht.
3. Die Amerikaner essen nur Fastfood.
4. Die Schüler werden immer dümmer.
5. Alle Manager verdienen viel zu viel.
6. Deutsche haben keinen Humor.
7. Ausländer nehmen uns die Arbeitsplätze weg.
8. Asylanten kommen doch nur zu uns, weil sie sich hier ins gemachte Nest setzen können.
9. Die Arbeitslosen sind zu faul zum Arbeiten.
10. Hier kriegt man doch Sozialhilfe, um in Florida ein schönes Leben zu führen.

Dazu ist es hilfreich, wenn die Schüler die Gelegenheit haben, zu recherchieren (Nachschlagewerke, Internet, Schulbücher mit sozialwissenschaftlichem und politischem Inhalt …).

G 20 Min. Vorstellung

Anlage 8: Reflexionsbogen

Die Schüler stellen ihre Fünfsätze im Klassenverband vor. Die Mitschüler geben ein Feedback mit Hilfe des Reflexionsbogens.

Die Ergebnisse des Bogens werden im Unterrichtsgespräch thematisiert und Rückschlüsse daraus gezogen.
Zum Abschluss wird der Tag bzw. werden die drei Bausteine „Argumentation“ noch einmal kurz inhaltlich zusammengefasst.
Blitzlicht oder andere Form der Evaluation wird durchgeführt.

Ende

Argumentation III – Stammtischparolen *Anlage 1*

Bitte diese Vorlagen von der CD-ROM ausdrucken.

Bitte diese Vorlagen von der CD-ROM ausdrucken.

Vorurteil

Ein Vorurteil ist eine *Meinung*

Vorurteile sind nicht notwendigerweise abwertend. Zu den aufwertenden Vorurteilen kann die Sicht des Verliebten auf den Geliebten, der Blick auf die eigene Nation oder das Vertrauen eines kleinen Kindes in die unbegrenzten Fähigkeiten und Kräfte des Vaters gezählt werden.

Vorurteile sind jedoch oft negative oder ablehnende Einstellungen einem Menschen, einer Menschengruppe oder einem Sachverhaltes gegenüber.
Vorurteilsbildung wird als **Übergeneralisierung** interpretiert, bei der unzulässigerweise von einzelnen Eigenschaften aller Individuen einer Gruppe geschlossen wird. Vorurteile besitzen einen emotionalen Gehalt und deutliche, ***stereotype*** Überzeugungen. Sie implizieren oft negative Gefühle, Handlungstendenzen oder diskriminierende Handlungen.
Die klassische Definition des Vorurteils stammt von Gordon W. Allport und seiner Arbeit „The nature of prejudice – Die Natur des Vorurteils" von 1954. Er sagt, das Vorurteil besteht aus zwei Komponenten: der ***Einstellung*** und der Überzeugung.

Beispiele: Süßigkeiten sind ungesund, Technik zerstört die Kunst.

Das Vorurteil wird durch folgende Merkmale charakterisiert:

1. Es ist ein voreiliges Urteil, d. h., ein Urteil, das überhaupt nicht oder nur sehr ungenügend durch Reflexionen oder Erfahrungen gestützt wird, oder es wird sogar vor jeglicher Erfahrung/Reflexion aufgestellt.
2. Es ist meist ein generalisierendes Urteil, d. h., es bezieht sich nicht nur auf einen Einzelfall, sondern auf viele Urteilsgegenstände.
3. Es hat häufig den stereotypen Charakter eines Klischees und wird vorgetragen, als sei es unwiderlegbar.
4. Es enthält neben beschreibenden oder theoretisch erklärenden Aussagen direkt oder indirekt auch richtende Bewertungen von Menschen, Gruppen oder Sachverhalten.
5. Es unterscheidet sich von einem Urteil durch die fehlerhafte und vor allem starre Verallgemeinerung.

Bei einer deutlichen Aufgliederung des Wesens eines Vorurteils in Merkmale und Hilfsmittel ist auch folgende Übersicht hilfreich.

Merkmale eines Vorurteils:

1. Überzeugtheit (auch Meinung)
2. mangelhafte Begründung (auch Meinung)
3. bestimmte Eigenschaften sind bekannt, werden aber nicht berücksichtigt
   - wegen der Unzulänglichkeit des Denkens
   - taktisch oder demagogisch bedingt
   - für uns zu gewichtig, in uns verwachsen

Zu den Hilfsmitteln, Vorurteile zu erhalten zählen:

1. Sachargumente als Ausnahmen benennen und sie damit als Argumente auszuklammern (natürlich gibt es ..., aber ...).
2. Gegenangriff
3. Es fehlt Bestreben, sich zu berichtigen.
4. Den Gegenstand des Vorurteils sprachlich verschieden darstellen.
5. Lenkung der Aufmerksamkeit, indem man gezielt auf Nachrichtenquellen weist, die die eigene Meinung bestätigen.

Der Stammtisch

Im Folgenden wird eine Diskussionsphase in einem Argumentationstraining gegen Stammtischparolen wiedergegeben, und zwar der Beginn der Auseinandersetzung um die Parole „Wir haben zu viele Ausländer hier."

Wirt: Ich begrüße euch und freue mich, dass ihr wieder gekommen seid. Na, ja, wenn ich meine Stammtischgäste nicht hätte ... Aber wo solltet ihr auch ansonsten hingehen, es gibt ja so gut wie keine deutschen Lokale mehr in der Stadt?! Ihr wollt bestimmt wie immer ein Bier, gebraut nach dem deutschen Reinheitsgebot.

Kurt: Recht hat er, wo man hinkommt, nur noch Ausländer. Da freut man sich, dass man hier noch mal unter sich ist.

Willi: Stimmt, du kannst hingucken, wo du willst, überall sind sie, sogar die Ärzte sind meistens schon Ausländer.

Gabi: Ich finde, es reicht jetzt, wir haben zu viele hier bei uns.

Erika: Habt ihr was gegen Ausländer?

Willi: Nö, wenn die im Ausland bleiben.

Erika: Also, mich stören sie hier nicht.

Gabi: Warte nur mal ab, bis deine Tochter mit einem Neger nach Haus kommt.

Hans: Nicht jeder Ausländer ist ein Neger.

Gabi: Oder mit einem Türken.

Kurt: Dann tanzte Bauchtanz auf der Hochzeit von deiner Kleinen.

(Kurt, Willi und Gabi lachen.)

Erika: Ihr seid ziemlich blöd.

Kurt: So Leute wie du sind blöd, die sich im eigenen Land auf der Nase rumtanzen lassen.

Monika: Du bist überall Ausländer.

Willi: Aber hier bin ich es nicht.

Hans: Du fährst doch auch schon mal ins Ausland, neulich warst du doch in Spanien im Urlaub.

Willi: Erstens hats mir da gar nicht gefallen, zu viel Dreck. Zweitens waren da meistens Deutsche. Drittens habe ich denen damit die Wirtschaft mit angekurbelt.

Monika: Der Dreck kam wohl von den deutschen Touristen.

Willi: Jetzt will ich dir mal was sagen. Die haben gar nicht die Standards in puncto Sauberkeit und Technik wie wir. Die sind nicht so weit. Deswegen kommen die alle hierher.

Hans: Woher weißt du das?

Willi: Was?

Hans: Das mit den Standards.

Kurt: Das weiß doch jeder. Lauf doch mal hin ins Altstadtviertel. Dort leben ja nur Türken, und wie sieht es da aus?

Erika: Also ich finde ...

Kurt: Ja, Dreck findste da.

Monika: Meint ihr nicht, dass man von Menschen aus anderen Ländern etwas lernen kann?

Kurt: Ja, Messerstechereien, klauen und faulenzen.

Willi: Richtig, also ich kenne einen Asylanten, der war kaum hier, da hatte der schon ein Auto, das hat der immer noch, seine Familie ist da, keiner geht arbeiten, Fernsehen haben die.

Monika: Warum sollen sie auch keinen Fernsehapparat haben?

Willi: Weil die zu Hause auch keinen haben.

Hans: Jetzt kommt das Thema Asylanten auch noch. Nicht jeder Ausländer ist Asylant. Und außerdem ...

Gabi: Aber sie kommen alle, weil sie hier von unserem Wohlstand etwas abbekommen wollen.

Monika: Wir haben doch auch genügend.

Willi: Wir können nicht die Probleme der ganzen Welt lösen.

Kurt: Genau, uns hilft ja auch keiner.

Gabi: Wir haben das ja auch alles aus eigener Kraft geschafft.

Erika: Nein, sondern zunächst einmal mit Hilfe der Amerikaner.

Kurt: Frau Oberschlau.

Willi: Was meinst du wohl, warum die Amerikaner uns geholfen haben, sicherlich nicht aus Nächstenliebe.

Erika: Sondern?

Willi: Damit wir und nicht sie für die Zukunft alle Wirtschaftsflüchtlinge aufnehmen können.

Hans: Jetzt kommt der ganz große Holzhammer!

Willi: Hast du was gegen Holzhämmer, du hast ja auch nichts gegen Ausländer.

(Kurt, Willi und Gabi lachen.)

Erika: Ihr werdet jetzt sehr unsachlich.

Gabi: Nein, ihr.

Erika: Also, noch einmal von vorne: Erstens was wäre unsere Wirtschaft ohne die Ausländer? Wer würde euch sonst den Dreck wegmachen? ....

Willi: Wenn die nicht da wären, wäre ja auch nicht so viel Dreck da.

Erika: Ich finde, diese Menschen haben ein Recht, hier zu sein.

Kurt: Und wir haben bald keine Rechte mehr.

Gabi: Man ist ja gar nicht mehr sicher. Neulich haben sie eine alte Oma in ihrer Wohnung überfallen.

Kurt: Die meisten Verbrechen werden von Ausländern begangen.

Erika: Wer sagt das denn?

Kurt: Lieste keine Zeitung? Das ist statistisch eindeutig bewiesen.

Erika: Ist es nicht.

Kurt: ist es doch.

Willi: Die ganze Mafia hier, alles Ausländer. Drogen werden von so genannten Asylanten hierher gebracht.

Gabi: Guck doch mal in unsere Innenstadt, wie sich da die ausländischen Kerle breit machen. Ich mag da abends nicht mehr durchgehen.

Das Gespräch geht so noch einige Minuten weiter, bis der Wirt die Stammtischgäste nach Hause schickt mit den Worten: „Feierabend, ihr Lieben, geht nach Hause, es ist spät. Noch könnt ihr ja morgen früh ausschlafen. Aber wartet, bis wir hier die erste Moschee haben. Dann ist es vorbei. Dann werdet ihr mit Allah-Rufen geweckt."

Aufgaben für den Galeriegang

1. Welche Gefühle und Stimmungen kamen bei den Personen im Text zum Ausdruck?

2. Welche Argumente und inhaltliche Positionen wurden im Text genannt? Nehmt eine Wertung vor (+/–).

3. Welche Argumente fehlen eurer Meinung nach?

4. An welcher Stelle wurden Argumente abgeblockt? Warum?

5. An welchen Stellen hättet ihr anders argumentiert?

6. Gebt ein allgemeines Feedback zu dem im Text dargestellten Gespräch.

7. Beschreibt das Verhältnis der Gesprächspartner zueinander.

Artisten

Gibt es einen Zusammenhang zwischen Text und Karikatur?
Wenn ja, wo genau seht ihr ihn? Wenn nein, warum nicht.

Wohnungen

Gibt es einen Zusammenhang zwischen Text und Karikatur?
Wenn ja, wo genau seht ihr ihn? Wenn nein, warum nicht.

Argumentation III – Stammtischparolen *Anlage 5*

Männer

Zwei der abgebildeten Männer sind Staatsanwälte, einer ist wegen Betrugs angeklagt, einer war Spion. Wer ist wer? Wie kommst du zu dieser Einschätzung?

①

②

③

④

picture-alliance/dpa: 1, 2, 4
picture-alliance/Z B: 3

Partnerschaftsanzeigen

Auf welche der acht abgebildeten Personen trifft welche der vier Anzeigen zu (wer hat sie aufgegeben)? Wie würden die übrigen vier Personen ihre Anzeigen formulieren?

A Berlin

Akademikerin, berufl. selbstst. u. engagiert, 38 J., 176 cm (Tochter, 5 J.), schlank, sportlich, kulturell interessiert, sucht einen attraktiven, charmanten und liebevollen Mann mit Stil und Esprit für eine harmonische und leidenschaftliche Beziehung.

DIE ZEIT, 20079

B Junger Rechtsanwalt – 38 J.,185, attraktiv, vielseitig interessiert, HH, sucht intelligente, sportliche und attraktive Partnerin für eine gemeinsame Zukunft.
Zuschriften bitte mit Bild.

DIE ZEIT, 20079 Hamburg

C Mann in den 50ern, 1,81 m, 80 kg, wissbegierig, humorvoll, friedlich, sensibel, aber nicht unglücklich, interessiert an Literatur, Musik, Kunst, als Arzt tätig, sucht die große Liebe!
Bitte nur Bildzuschriften!

DIE ZEIT, 20079 Hamburg

D Raum Hamburg

Ich bin 51 J., 1,72, blond, schlank, ziemlich gut aussehend (sagt man), studiert, geschied., finanz. unabhängig. Ich habe zwei erw. Kinder, Freude am Sport (Tennis, Ski, Segeln), Kultur, Reisen, gutem Essen u. Wein, Geselligkeit, Gesprächen zu zweit und mit Freunden. Ich wünsche mir einen klugen humorvollen Mann für eine liebevolle Partnerschaft, der zunächst Interessen (wenigstens einige) und später vielleicht den Rest meines Lebens mit mir teilt.

DIE ZEIT, 20079 Hamburg

Argumentation III – Stammtischparolen *Anlage 7*

Wohngemeinschaft

In deiner Wohngemeinschaft sind zwei Plätze frei geworden, dafür gibt es acht Interessierte. Für welche beiden der abgebildeten Personen entscheidest du dich? Welche beiden kommen dagegen am wenigsten in Frage? Welche Gründe haben dich zu dieser Entscheidung veranlasst? Notiere!

Argumentation III – Stammtischparolen *Anlage 8*

Feedback zu den Fünfsatz-Statements

	Station 1	Station 2	Station 3	Station 4	Station 5	Station 6	Station 7	Station 8	Station 9	Station10
Welche These?										
Welche Argumente wurden zur Begründung angeführt?										
Wurden die Argumente belegt? Womit, wodurch?										
War die Argumentationskette schlüssig?										
Gab es zum Ende ein Statement, eine Schlussfolgerung? Wenn ja, welche/s?										
Tipps/Verbesserungsvorschläge										

BEWERBER-TRAINING

Sonja Gerland-Péus, Gisela Wibbing

6 Unterrichtsstunden

Ziele und Überblick

- **Experteninformationen für den erfolgreichen Ablauf eines Bewerbungsgesprächs erarbeiten und anderen Gruppenmitgliedern vorstellen**
- **Regeln und Verhaltensweisen für ein erfolgreiches Bewerbungsgespräch kennen lernen und diese in einem Bewerbertraining umsetzen**
- **Erworbene Sachkenntnisse umsetzen und in einem simulierten Bewerbungsgespräch anwenden**
- **Bewerbungsgespräch beobachten und eine sachkundige Rückmeldung geben**

Kooperative Lernform:
- ***Think-Pair-Share***

A	5 Min.	**Einstieg**	Inhalt und Verlauf des Schwerpunkttages
B	15 Min.	**Bewerbungssituation**	Fiktives Bewerbungsgespräch beobachten und potenzielle Fehler erkennen
C	25 Min.	**Zeitungsartikel**	Informationen zum Thema Körpersprache analysieren
D	10 Min.	**Infopaket**	Inhalte der Gruppenarbeitspakete

			vorstellen und die Gruppenarbeit organisieren
E	120 Min.	**Informations-erarbeitung**	Arbeitsteilige Teamarbeit ▪ Vorstellungsgespräch: Ablauf ▪ Typische Fragen – pfiffige Antworten ▪ Gut zu wissen – Do's and Don'ts ▪ Körpersprache ▪ Nervosität ▪ Stellenanzeigen
F	90 Min.	**Bewerbungs-gespräch mit Feedback-Runde**	Vorführung von Bewerbungs-gesprächen, Auswertung der Gespräche
G	5 Min.	**Abschluss-bewertung**	Rückmeldung zu den Tageseindrücken

Einleitung

Gegen Ende der 9. Klasse stehen bereits einige Schüler vor der Herausforderung, sich einem Bewerbungsgespräch stellen zu müssen. Man kann natürlich sagen, dass man dabei mit bzw. aus der Erfahrung lernt und mit jedem Gespräch immer besser wird. Dem „Anfänger" nützt dies allerdings nichts. Mit diesem Baustein soll für die Lernenden deshalb ein Informations-, Erprobungs- und damit Erfahrungsraum geschaffen werden, der ihnen das erforderliche Handwerkzeug für ein bevorstehendes Bewerbungsgespräch vermittelt. Darüber hinaus soll durch das zum Ende des Tages simulierte Gespräch die Angst vor der potenziellen Realsituation reduziert werden. Folgende Inhalte erhalten die Schüler dabei als Angebot:

- Allgemeine Dinge, die im Vorfeld des Gesprächs berücksichtigt werden sollten
- Tipps in Sachen Kleidungsfragen
- Hilfreiche Benimm-Standards
- Informationen zum Aufbau und Ablauf eines Bewerbungsgesprächs
- Hinweise zum korrekten Verhalten vor, während und nach dem Gespräch

- Potenzielle Fragestellungen, die im Gespräch vorkommen können
- Sinnvolle Antworten, die man darauf geben kann
- Möglichkeit an einem simulierten „Live-Bewerbungsgespräch“ teilzuhaben
- Kriterienkatalog, mit dem die dargestellte Situation selbstständig bewertet werden kann
- Tipps, um das „flaue Gefühl“ in der Magengegend vor dem Gespräch zu lindern

Materialliste

Anlage 1	einfach
Anlage 2	Klassensatz
Anlagen 3 a–j	Gruppenpaket (entsprechend der Gruppenanzahl)
Anlage 4	einfach
Anlage 5	Klassensatz
Anlage 6	Klassensatz
DIN-A4-Blätter	
Eddings	

Planungsverlauf

A 5 Min. Einstieg

Nach der Begrüßung wird der Klasse der Inhalt, die Organisation und Dauer des heutigen Bausteins kurz skizziert. Thematisch wurden sie bereits in den Schultagen davor auf diesen Tag vorbereitet, indem sie angewiesen wurden, sich heute einem realen Vorstellungsgesprächstermin gemäß zu kleiden.

B 15 Min. Bewerbungssituation

Anlage 1: Szenen eines Bewerbungsgesprächs

Zwei Personen präsentieren ein fiktives Bewerbungsgespräch in Form einer szenischen Darstellung. [Als Spielende sind hier entweder zwei Kollegen oder zwei Schüler einer anderen Jahrgangsstufe denkbar. Dabei bietet sich aus Zeit- und Organisationsgründen eine gemeinsame Vorführung für den gesamten Jahrgang an, die in der Aula bzw. einem ähnlich großen Raum stattfinden kann.] Im Vorfeld erhalten die Schüler den Auftrag, zur Darstellung Notizen anzufertigen. Im folgenden Gesprächverlauf wird schnell deutlich, dass der Bewerber gegen etliche Regeln verstößt, die einem positiven Ausgang deutlich entgegen stehen. Im Anschluss an die Vorstellung – nach Rückkehr in den Klassenraum – geben sie in einem Blitzlicht Rückmeldung zu den beobachteten Mängeln.

C 25 Min. Zeitungsartikel

Anlage 2: Wer aufrecht sitzt, zeigt Rückgrat

Der Zeitungsartikel wird ausgeteilt. Dabei erhalten sie folgenden Auftrag (Stichpunkte als Tafelanschrieb):

„Lest euch den Text in Einzelarbeit durch. Markiert dabei die positiven Elemente mit einem grünen Stift und die darin aufgezählten negativen Elemente mit Rot. Ihr habt dafür .... Minuten Zeit (also bis ...... Uhr). Im Anschluss daran setzt ihr euch mit eurem Tischpartner zusammen und vergleicht eure Markierungsergebnisse. Im letzten Durchgang tauscht ihr euch mit dem benachbarten Partnerteam aus und vergleicht wiederum eure Resultate. Dabei fertigt jedes Team-Mitglied eine Tabelle an, die die Einzelergebnisse zusammenfasst. Für die Tabelle wird die folgende Aufteilung vorgeschlagen:

Absolut verboten ...	**Besser nicht ...**	**Darf bzw. sollte man ...**

Für die letzten beiden Phasen (Partner- und 4er-Team) stehen euch .... Minuten zur Verfügung (d. h. bis .... Uhr).“

Im Klassenverband werden die einzelnen Punkte noch einmal laut vorgestellt und – sofern Bedarf besteht – kurz besprochen. Darüber hinaus ergänzen die Schüler Punkte, die sie in ihrer Tabelle noch nicht aufgeführt haben.

D 10 Min. Infopaket

Anlage 3 a: Infopaket – Inhalte (Folie)
Anlage 3 b: Dieser Tag hat es in sich – hier wird dir was geboten!? (Folie)
Anlage 3 j: Aufgabenverteilung (Folie)

Bevor es zur Gruppenbildung kommt, wird der gesamten Lerngruppe das Deckblatt (3 a) als Inhaltsübersicht zum Infopaket, das Tagesangebot bzw. -ziel (3 b) und die spätere Aufgabenverteilung (3 j) als Folie vorgestellt. Dabei findet eine kurze Erläuterung statt, welche Themenbereiche zwecks Erarbeitung zur Verfügung stehen und welche Inhalte sich dahinter verbergen. Darüber hinaus muss erwähnt werden, dass die vorgestellten Einzelthemen arbeitsteilig in jeder Gruppe zu erledigen sind.
Im Anschluss daran findet die Gruppenbildung (gewählte Zusammensetzung oder Zufallsgruppen per Losverfahren) statt, wobei jede Gruppe aus nicht mehr als sechs Personen bestehen darf.

E 120 Min. Informationserarbeitung

Anlagen 3 a–j: Infopaket

Die Gruppen erhalten je ein Exemplar des Infopakets. Unter Anlage 3 i finden sich zwei Musteranzeigen. Dieser Teil sollte je nach den Bedürfnissen der Klasse aufgestockt werden. Jedes Mitglied wählt sein Spezialthema aus und setzt sich mit seinem Expertenbereich auseinander. Ziel ist es, jeweils ein Extrakt der wichtigsten Punkte, die von einem Bewerber beachtet werden müssen, zusammenzustellen. Dafür erhält jeder Experte die Aufgabe, eine Art Tipp- bzw. Checkliste für seinen Bereich zu erstellen, mit der die Nicht-Experten gut arbeiten können. Zur Absicherung empfiehlt es sich, dass sich themengleiche Experten aller Gruppen treffen.
Danach findet wieder ein Zusammentreffen in den Stammgruppen statt. Jetzt werden die zuvor erarbeiteten und abgeglichenen Experteninformationen reihum den anderen Team-Mitgliedern vorgestellt. Die jeweiligen Zuhörer fertigen zu den neuen Informationen Notizen an.
Nachdem die sechs Themenbereiche vorgestellt wurden, findet die Wahl des Bewerbers statt, der später am simulierten Bewerbungsgespräch teilnimmt. Günstigerweise sollte ein Team-Mitglied zum Mitmachen animiert

werden, das sich sonst eher zurückhaltender gibt. Das setzt natürlich voraus, dass die Gruppe ihren Kandidaten optimal vorbereitet und mit allen Mitteln unterstützt.

Damit sich die Schüler während dieser langen Arbeitsphase immer wieder orientieren können, empfiehlt sich folgendes Tafelbild:

Informationserarbeitung – Bewerbungsgespräch
Fahrplan für die arbeitsteilige Gruppenarbeit

1. Expertenthemenwahl/Aufgabenverteilung Wer ist für was verantwortlich?	bis ________ Uhr
2. Arbeit mit den Experteninformationen (5-Gang-Lesetechnik ➠ Tipp-/Checkliste)	bis ________ Uhr
3. Abgleichrunde mit [themengleichen] Experten der anderen Gruppen	bis ________ Uhr
4. Vorstellungsrunde der Experteninfos in der Stammgruppe	bis ________ Uhr
5. Wahl des Bewerbers für das Bewerbungsgespräch	bis ________ Uhr

Neben der beratenden Tätigkeit in dieser Phase, kann die Lehrperson einen Teil der Zeit nutzen, um die bevorstehenden Bewerbungsgespräche vorzubereiten.

Anlage 4: Fragenkatalog für den Interviewer

Für den Fall, dass die Bewerbungsgespräche mit einer Videokamera aufgezeichnet werden, sollte hierfür gleichermaßen ein entsprechendes Zeitfenster eingeplant und der Medienaufbau vorbereitet werden.

F 90 Min. Bewerbungsgespräch

Die in den Gruppen fit gemachten Bewerber stellen sich dem Bewerbungsgespräch, das vom Lehrer durchgeführt wird. Mithilfe eines detaillierten Beobachtungsbogens fertigen die Zuschauer Notizen an.

Anlage 5: Beobachtungsbogen

Da der Bogen aufgrund der vorgegebenen Beobachtungsbereiche etwas umfangreicher ausfällt, empfiehlt es sich diesen vorab mit der Klasse durchzugehen und kurz zu besprechen. Folgende Punkte bilden den Beobachtungsfokus:

- Auftreten/Wirkung
- Argumentation/Ausdruck
- Interesse/Einstellung
- Auffassungsgabe/Flexibilität
- Aktivität/Initiative
- Kontaktfreude/Kooperation

Die während des Gesprächs angefertigten Aufzeichnungen dienen als Basis für die an das Gespräch anschließende Feedback-Runde. Dabei bilden sich 4er-Teams, die sich zu den auf dem Bogen angeführten Schwerpunkten austauschen. Im Anschluss daran einigen sie sich auf zwei *besonders positiv* wirkende und zwei *nicht vorteilhaft* wirkende Beobachtungen, die vom jeweiligen Gruppensprecher an den Bewerber zurückgemeldet werden. Die nachfolgenden Gespräche haben den selben Ablauf.
Abschließend treffen sich die Experten der sechs Themenbereiche (Vorstellungsgespräch, Fragen, Allgemeines, Körpersprache, Nervosität, Stellenanzeigen) noch einmal. Sie einigen sich aufgrund der erarbeiteten Informationen und gemachten Erfahrungen auf die drei wichtigsten Aspekte ihres Bereichs, die man bei einem Bewerbungsgespräch unbedingt berücksichtigen sollte. Diese werden jeweils auf einem DIN-A4-Bogen stichpunktartig festgehalten und an einer vorbereiteten Wand(-zeitung) fixiert. Die Schüler übertragen die Ergebnisse in die Mappe.

Anlage 6: Vorbereitung ist alles!

Als Tagesabschluss (sofern noch Zeit verbleibt) erhält jeder Schüler eine Checkliste, mit der er sich auf das (eigene) Vorstellungsgespräch vorbereiten kann. Ist kein Zeitpolster mehr vorhanden, wird das Infopapier in einer der nächsten Fachstunden ausgeteilt und besprochen.

G 5 Min. Abschlussbewertung

In einem Blitzlicht werden reihum die Eindrücke des Tages verbalisiert.

Ende

Bitte diese Vorlagen von der CD-ROM ausdrucken.

Szenen eines Bewerbungsgesprächs

Requisiten

Tisch, zwei Stühle

Beteiligte

Frau Koch, Personalentscheiderin der Firma X, dem Anlass entsprechende Kleidung und Verhalten, begrüßt Herrn Mettmann und streckt ihm die Hand entgegen.

Herr Mettmann, Bewerber um einen Ausbildungsplatz als Bürokommunikationskaufmann, sehr legere Kleidung (Jeanshose, Jeansjacke, alte Turnschuhe, nicht rasiert, ...), insgesamt lässiges Auftreten, lächelt Frau Koch bei der Begrüßung freundlich an, geht aber an ihr vorbei, setzt sich an den im Zimmer befindlichen Tisch mit verschränkten Armen und lang ausgestreckten Beinen auf den Stuhl.

Gesprächsinhalt

Frau Koch: Ja, Herr Mettmann, Sie möchten Kaufmann für die Bürokommunikation werden. Wie kommen Sie zu diesem Berufswunsch?

Herr Mettmann: Ach, meine Eltern finden, dass ich einen kaufmännischen Beruf erlernen sollte. Außerdem macht meine Cousine darin auch gerade eine Ausbildung und die ist damit ganz zufrieden.

Frau Koch: Ah ja, haben Sie denn eine Vorstellung, welche Tätigkeiten zum Aufgabenbereich eines Kaufmanns der Bürokommunikation gehören?

Herr Mettmann: Ehrlich gesagt nicht ganz genau. Vermutlich Briefe schreiben, auch sonst mit dem Computer umgehen, telefonieren. Was man halt so im Büro macht.

Frau Koch: Haben Sie Kenntnisse im Umgang mit dem PC? Beherrschen Sie ein Textverarbeitungsprogramm?

Herr Mettmann: Na ja, hauptsächlich nutze ich meinen Rechner, um zu spielen. Da bin ich ganz fit. Ansonsten ist Tippen ja nicht so schwer.

Frau Koch: Welche Interessen haben Sie?

Herr Mettmann: Och, ich bastele gern an meinem Moped herum. Außerdem helfe ich meinem Onkel manchmal in seiner Werkstatt aus. An Motoren zu schrauben finde ich ganz interessant.

Frau Koch: Was sind denn Ihre Lieblingsfächer in der Schule? Welche machen Ihnen besonders viel Spaß?

Herr Mettmann: Also Sport ist da mein bestes Fach. Bio und Kunst finde ich auch ganz interessant. Mathe hingegen ist der totale Horror für mich. Damit können Sie mich jagen.

Frau Koch: So ganz ohne Zahlen werden Sie als Kaufmann für Bürokommunikation aber nicht auskommen. Es sind beispielsweise Statistiken zu erstellen oder Abrechnungen zu machen.

Herr Mettmann: Na ja, so lange das nicht meine Haupttätigkeit ist, denke ich, dass ich das schon irgendwie gebacken bekomme.

Frau Koch: Was wissen Sie denn über unser Unternehmen?

Herr Mettmann: Also ich dachte, dass Sie mir heute etwas darüber erzählen.

Frau Koch: Zu einem anderen Zeitpunkt vielleicht. Jetzt habe ich noch eine weitere Frage. Wenn ich Ihren besten Freund fragen würde, was Ihre größte Schwäche ist, was würde er mir wohl sagen?

Herr Mettmann: Ich bin mir ziemlich sicher, dass er meine Unpünktlichkeit nennen würde. Der muss häufiger ganz schön auf mich warten und das nervt ihn tierisch. Außerdem versinkt mein Zimmer im Chaos – Ordnung halten ist nicht so mein Ding. Aber wie heißt es doch so schön: Nur das Genie beherrscht das Chaos.

Frau Koch: Wie stellen Sie sich denn Ihre berufliche Zukunft vor?

Herr Mettmann: Ja, eine Ausbildung will ich auf jeden Fall machen – meine Eltern finden, dass das wichtig ist. Und dann – mal gucken, was so kommt.

Frau Koch: Ja, Herr Mettmann, jetzt habe ich Ihnen jede Menge Fragen gestellt. Haben Sie denn noch welche an mich?

Herr Mettmann: Äh, nö.

Frau Koch: Dann bedanke ich mich für das Gespräch und wir werden uns bei Ihnen melden. Auf Wiedersehen.

Herr Mettmann: Auf Wiedersehen.

Bewerbertraining *Anlage 2*

Wer aufrecht sitzt, zeigt Rückgrat

Eine positive Körpersprache im Bewerbungsgespräch lässt sich trainieren

Stuttgart – Eine gewisse Unsicherheit bei Vorstellungsgesprächen finden Personalchefs für normal. Bewerber sammeln allerdings Pluspunkte, wenn sie von Anfang an durch sicheres Auftreten kompetent und motiviert wirken. Wichtig sind dabei Körperhaltung, Mimik, Gestik. In seinem Buch „Silent Messages" beweist der amerikanische Wissenschaftler Professor Albert Merabian, dass Menschen zu 55 Prozent durch ihre Körpersprache, 38 Prozent durch ihre Stimme und nur sieben Prozent durch ihre Worte wirken. Eine Körpersprache, die Souveränität signalisiert, lässt sich trainieren, sei es durch das Feedback guter Freunde oder durch Rhetorikseminare.

Frauen können ihre Unsicherheit in Vorstellungsgesprächen weniger gut verstecken – ein entscheidender Grund, warum männliche Personalchefs Frauen seltener Führungsaufgaben zutrauen. Besonders zurückhaltende Frauen werden für wenig kompetent und durchsetzungsfähig gehalten. Zu diesem Eindruck kommt es, weil sie so wenig Raum wie möglich einnehmen. Schon bei der Begrüßung treten sie dem Personalchef verkrampft gegenüber und halten die Beine parallel zusammen anstatt, wie Männer, breitbeinig dazustehen oder zumindest eine leichte Schrittstellung einzunehmen. Der unsichere Eindruck wird durch das Schräghalten des Kopfes verstärkt, ein Unterwerfungsgestus. Schon bei Bewerbungsfotos sollte auf eine gerade Kopfhaltung geachtet werden.

Insbesondere Frauen bleiben oft am Ende eines Gedankens mit der Stimme oben, anstatt ihren Worten Bedeutung zu verleihen.

Sprechen auf Wirkung lässt sich jedoch trainieren, indem man bei Worten, die betont werden sollen, und am Ende eines Gedankens jeweils mit einer Hand eine Geste nach unten macht.

Der erste Eindruck zählt: Meist wartet der Bewerber im Sekretariat, und der Personalchef holt ihn dort ab. Sofortiges ruhiges Aufstehen sollte selbstverständlich sein. Dann auf den Personalchef mit freundlichem Blickkontakt zugehen, nicht zu forsch und nicht zu langsam. Man sollte nicht den Fauxpas begehen, vor lauter Dynamik zuerst die Hand zur Begrüßung auszustrecken, sondern warten, bis der Personalchef dies tut.

Vertrauen zwischen Menschen wird durch Blickkontakt aufgebaut. Bei Unsicherheit ist dieser aber oft ausweichend. Das erweckt bei Personalchefs Misstrauen. Als angenehm wird es empfunden, wenn der Blick das ganze Gesicht einhüllt. Fixieren ist eine Todsünde, damit wird die andere Person zur Beute erklärt, und das hat niemand gern.

Absolut verboten ist während des Gesprächs ein auffälliger Blick auf die Armbanduhr. Wenn man sich auf einen fremden Stuhl setzt, erwischt man oft nicht auf Anhieb die ganze Sitzfläche. Deshalb nicht genieren und die Sitzhaltung korrigieren. Eine aufrechte, interessierte Sitzhaltung zeigt dem Gegenüber, dass man aktiv zuhört und selbstsicher ist.

Plötzliche Veränderungen der Körperhaltung deuten darauf hin, dass auch innerlich eine Veränderung stattgefunden hat. So ist es positiv, wenn der Personalchef mit dem Oberkörper vorkommt. Das signalisiert Interesse, und als Bewerber tut man gut daran, von der Körpersprache nachzuziehen, um wieder eine harmonische Beziehung herzustellen. Lehnt er sich zurück, sollt man versuchen, das Interesse zurückzugewinnen.

Gesten beleben Worte und sind notwendig, um Interesse am neuen Job zu zeigen. Hier gilt die Regel: Nie die Hände zusammennehmen! Nur so signalisiert man Offenheit und Entgegenkommen. Bilden die Hände eine Barriere und „mauert" auch der Personalchef, so wird es nie einen guten Kontakt geben. Bilden die Hände ein Spitzdach, so wirkt dies auf andere bedrohlich.

Darauf achten, dass die Hände immer über der Tischfläche gestikulieren. Notfalls mit dem Stuhl zurückrutschen, damit man beim Gestikulieren nicht in das Terrain des anderen eindringt. Auch keine Unterlagen so verschieben, dass man immer mehr Platz auf dem Tisch für sich beansprucht.

Gesten ins Gesicht oder ins Haar signalisieren Unsicherheit. Dennoch ist das Unterdrücken solcher Gesten fast unmöglich. Es juckt einen in solchen Momenten wirklich an der Nase oder es stört einen etwas an den Haaren. Trotzdem braucht man sich wegen solcher Kleinigkeiten nicht verrückt zu machen – auch ein zu perfektes Verhalten weckt Misstrauen.

Dr. Gudrun Fey ist Personal-Trainerin und Geschäftsführerin von study & train GmbH in Stuttgart.

Aus: Welt am Sonntag vom 21. Nov. 2001

Bewerbertraining *Anlage 3 a*

Infopaket

Inhaltsübersicht

	Intro	Dieser Tag hat es in sich – hier wird dir was geboten!?
Thema 1	**Vorstellungsgespräch**	Ablauf – Stationen eines Gesprächs und deren Inhalte
Thema 2	**Fragen**	Standardfragen und pfiffige Antworten
Thema 3	**Allgemeines**	Gut zu wissen – Do's and Don'ts
Thema 4	**Körpersprache**	Der Schein ist das Sein
Thema 5	**Nervosität**	Umgang mit der Nervosität vor dem Vorstellungsgespräch – Hilfen zum Entspannen
Thema 6	**Stellenanzeigen**	Die Qual der Wahl – verschiedene Ausschreibungen für einen Ausbildungsplatz stehen zur Auswahl
	Aufgabenverteilung	Wer ist in der Gruppe für was verantwortlich?

Bewerbertraining *Anlage 3 b*

Dieser Tag hat es in sich – hier wird dir was geboten!?

Für dich steht heute das Folgende im Angebot …

- ➪ Informationen zum Aufbau und Ablauf eines Bewerbungsgesprächs
- ➪ allgemeine Dinge, die im Vorfeld eines Bewerbungsgesprächs beachtet werden sollten
- ➪ Tipps in Sachen Bekleidung
- ➪ hilfreiche Benimm-Standards
- ➪ Hinweise zum konkreten Verhalten vor, während und nach dem Gespräch
- ➪ mögliche Fragen, die in einem Bewerbungsgespräch gestellt werden könnten
- ➪ sinnvolle Antworten, die man darauf geben könnte
- ➪ Chance, an einem simulierten „Live-Bewerbungsgespräch“ teilzunehmen
- ➪ Chance, ein simuliertes Bewerbungsgespräch zu beobachten
- ➪ Kriterienkatalog, mit dem eine Bewerbungssituation selbstständig bewertet werden kann
- ➪ Tipps, um das „flaue Gefühl in der Magengegend“ vor einem Bewerbungsgespräch zu lindern

Bewerbertraining Anlage 3c, Teil 1

Das Vorstellungsgespräch

Stationen und Inhalte

Der lang ersehnte Brief ist da und der Jubel natürlich groß – wenn es heißt: ***„... Wir freuen uns, Sie zu einem Vorstellungsgespräch einzuladen, um Sie einmal persönlich kennen zu lernen."*** Nach der ersten Freude schleicht sich dann aber meist ein mulmiges Gefühl in der Magengegend ein und die Ernüchterung hält mit der Frage Einzug: Was erwartet mich wohl bei diesem Vorstellungsgespräch???

Im Folgenden soll „das Geheimnis" gelüftet und damit quasi hinter die Kulissen eines Vorstellungssprächs geschaut werden. Dabei geht es sowohl um den möglichen Ablauf als auch um denkbare Inhalte eines solchen Gesprächs.

Vorweg

Hintergründe – Aus der Sicht ...

... des Unternehmens:	... des Bewerbers/der Bewerberin:
Aus der Sicht des Unternehmens stehen bei einem Vorstellungsgespräch drei wesentliche Fragen im Vordergrund: • Wird der Bewerber/die Bewerberin in der Lage sein das Ausbildungsziel zu erreichen? • Wird sich der Bewerber/die Bewerberin positiv in das Unternehmen integrieren können? • Wird sich der Bewerber/die Bewerberin auf eine mögliche Übernahme nach der Ausbildung zu einem verantwortungsbewussten und leistungsstarken Mitarbeiter entwickeln können?	Ziel des Bewerbers/der Bewerberin ist es natürlich einen positiven Eindruck zu hinterlassen. D. h., der Gesprächspartner sollte am Ende das Gefühl haben, zukünftig gern mit ihm/ ihr zusammenzuarbeiten. Um dies zu bewirken, sollte der Bewerber/die Bewerberin folgende Eigenschaften versuchen zu vermitteln: • Zuverlässigkeit: einhalten und umsetzen, was man zusagt • Selbstständigkeit: eigenständiges Sehen, Denken und Bearbeiten von Aufgaben

Bewerbertraining *Anlage 3c, Teil 2*

Denn die Entscheidung für einen Auszubildenden ist mit ganz schönen Kosten verbunden. Hier geht es nicht nur um die Ausbildungsvergütung, sondern auch um die Betreuungskosten durch die Fachkräfte, die den Azubi im Betrieb anleiten und unterstützen. Deshalb nehmen die Unternehmensvertreter ihre Aufgabe, die geeignetesten Kandidaten auszuwählen, sehr ernst.

- Eigenverantwortlichkeit: für das eigene Handeln auch die Verantwortung übernehmen
- Kritikfähigkeit: Bereitschaft, Anregungen und Verbesserungen aufzunehmen und diese umzusetzen
- Anpassungs-/Teamfähigkeit: sich gut in das bestehende Team einfinden
- Lernfähigkeit: Bereitschaft der stetigen Fort- und Weiterbildung und Umsetzung der neu gewonnenen Kenntnisse

Das Gespräch ...

Kein Vorstellungsgespräch ist wie das andere. Jeder Gesprächspartner hat seinen eigenen Stil, der sowohl durch seine Person, aber auch durch das Unternehmen geprägt ist. Dennoch gibt es einige Elemente, die in fast jedem Vorstellungsgespräch anzutreffen sind.

In den meisten Fällen findet das Vorstellungsgespräch als Einzelgespräch statt, d. h., es gibt nur einen Bewerber mit dem das Gespräch geführt wird. Es kann allerdings sein, dass von Seiten des Unternehmens zwei Gesprächspartner anwesend sind, z. B. ein Mitarbeiter aus der Personalabteilung (= Personalentscheider) und der Ausbildungsleiter oder ein Mitglied des Betriebsrates.

Gruppenvorstellungsgespräche finden eher seltener statt, es sei denn, es handelt sich um Diskussionsrunden, in denen mehrere Bewerber und Bewerberinnen vorweg zu einem vorgegebenen Thema diskutieren und dabei einfach still beobachtet werden. Aber auch in solchen Fällen wird in der Regel immer noch ein Einzelgespräch folgen.

Die vier Stationen des Vorstellungsgesprächs

I. Begrüßungsphase

Bei der Begrüßung wird sich der Gesprächspartner mit Namen vorstellen und versuchen die Gesprächsatmosphäre entspannt zu starten. Häufig werden hierbei eher allgemeine Fragen gestellt:

- Hatten Sie eine gute Anreise?
- Haben Sie den Weg gut gefunden?
- ...

Ziel ist es dabei, das Gespräch einfach erst mal in Gang zu bringen. Die Antworten darauf sollten höflich und über ein einfaches *Ja* oder *Nein* hinausgehen – schließlich will man sich ja „präsentieren". Auf der anderen Seite sollte man aber vermeiden alles bis ins kleinste Detail zu erläutern (... die Frau mit dem auffälligen pinkfarbenen Hut und der gelben Federboa, die auf dem Anfahrtsweg betrunken über die Straße hüpfte, ist – auch wenn sie witzig war – hier nicht so erwähnenswert ...).

Ein paar Verhaltenstipps:
Man startet in diese Phase mit einem *freundlichen Lächeln* und einem *festen Händedruck.*
Den *Namen des Gesprächspartners* sollte man sich bei der Vorstellung unbedingt merken, um ihn später immer wieder damit ansprechen zu können (Stichwort: Höflichkeit).
Wenn *etwas zu trinken* angeboten wird, kann dies gern angenommen werden. Extravagante Getränkewünsche sollte man hier jedoch vermeiden. Am besten ist ein Mineralwasser, das haben die meisten Firmen im Angebot.
Raucher sollten während des Vorstellungsgesprächs ihre *Zigaretten besser eingepackt lassen* – auch wenn ein Aschenbecher auf dem Tisch stehen sollte.

II. Vertiefungsphase

Diese Phase stellt den eigentlichen Kern des Vorstellungsgesprächs dar und nimmt damit zeitlich auch den meisten Raum ein. Hier wird der Gesprächspartner gezielte Fragen stellen, um mehr über den Bewerber/die Bewerberin zu erfahren. Grundlage hierfür wiederum sind die Bewerbungsunterlagen, die zugesandt worden sind.

Ein paar Verhaltenstipps:
Mit dem Gesprächspartner sollte man *Blickkontakt halten* (... bitte nicht zu verwechseln mit anstarren; vielmehr geht es hier um ein durchgehendes Kontakthalten über Wort, Geste und Blick ...).
Wichtig ist ein *konzentriertes Zuhören*, um *gezielt auf* die gestellten *Fragen einzugehen*. „Rumschwafeln" ist beim Vorstellungsgespräch nämlich nicht so gefragt! Deshalb kann man ruhig erst einmal einen Moment überlegen, bevor dann die Antwort gegeben wird.
Beim Antworten sind *Beispiele* besonders *anschaulich*, da sie eine Antwort noch genauer *erläutern* können. Wird beispielsweise gefragt: „Sind Sie ehrgeizig?", so ist es am glaubwürdigsten, wenn ein alltägliches Exempel genannt wird, aus dem das hervorgeht (z. B. Wettkämpfe im Sport).

III. Fragen des Bewerbers

Im Rahmen des Gesprächs wird natürlich auch dem Bewerber/der Bewerberin die Gelegenheit gegeben eigene Fragen zu stellen. Dabei ist es vollkommen in Ordnung, wenn diese Fragen – die entweder bereits zu Hause oder während des Gesprächs notiert wurden – abgelesen werden.
Ein paar Frage-Tipps: – siehe Anlage 3d

IV. Abschlussphase

In dieser letzten Phase wird die weitere Vorgehensweise abgestimmt. In der Regel meldet sich das Unternehmen wieder bei dem Bewerber/der Bewerberin. Man sollte dabei allerdings nachfragen, wie lange es dauern könnte, bis eine Entscheidung gefällt wird – auch im Hinblick auf vielleicht parallel laufende Bewerbungen.

Ein paar Verhaltenstipps:
Auf jeden Fall sollte man sich für das *Gespräch bedanken*. Sofern etwas getrunken wurde, kann man *nachfragen*, ob das *benutzte Glas (Tasse) weggeräumt* werden kann – das macht einen ordentlichen und aufmerksamen Eindruck. Nach – natürlich genauso wie vor – dem Vorstellungsgespräch sollte man selbstverständlich auch *freundlich und höflich zu den anderen Personen* sein, die einem begegnen. Oft wird nämlich die Meinung über einen Bewerber/eine Bewerberin auch dadurch geprägt, wie er/sie sich außerhalb des Vorstellungsgesprächs verhält. So fragen Personalentscheider häufig ihre Sekretärinnen, was sie für einen Eindruck hatten.

Bewerbertraining Anlage 3d, Teil 1

Standardfragen und Antworten für das Bewerbungsgespräch

Auf die folgenden Fragen solltest du in einem Vorstellungsgespräch vorbereitet sein:

➪ **Warum möchtest du diesen Beruf erlernen?**
Mögliche Gründe: Menschen, die man kennt und die diesen Beruf ausüben; persönliche Interessen, Neigungen, Hobbys; erste Erfahrungen durch ein Praktikum

➪ **Warum glaubst du, eine gute Auszubildende bzw. ein guter Auszubildender für .... werden zu können?**
Tipp: Mach dir schon vor dem Vorstellungsgespräch Gedanken bzw. Notizen, warum du gerade diesen Beruf gewählt hast und welche deiner Eigenschaften und Fähigkeiten hier besonders zum Tragen kommen, also nützlich sind.

➪ **Welche anderen Ausbildungsberufe kommen für dich in Frage?**
Hier sollten möglichst Berufe genannt werden, die im gleichen Tätigkeitsbereich liegen, damit man eine gezielte Ausrichtung bzw. Neigung erkennen kann und dementsprechend ein starkes Interesse für den angestrebten Beruf deutlich wird.

Bewerbertraining *Anlage 3d, Teil 2*

Warum hast du dich gerade bei unserem Unternehmen beworben?
Mögliche Gründe: guter Ruf des Unternehmens; Branche; Eltern, Freunde, Bekannte, die dort arbeiten; Produkte, die interessieren; der Standort; Größe und damit zukünftige Möglichkeiten, die das Unternehmen bieten kann.
Beispiel einer möglichen Antwort: „Weil ich gerade in ihrem Unternehmen meine Fähigkeiten und Kenntnisse gut einbringen kann. Ich habe im Werkunterricht in der Schule besonders gern kleinere Möbelstücke geschreinert. In Ihrer Werkstatt wird noch viel in Handarbeit gefertigt und das würde mich in meiner Ausbildung besonders reizen."

Was weißt du bereits über unser Unternehmen?
Hierzu sind im Vorfeld Informationen über verschiedene Wege (z. B. Internet, Werbung, Berichte in Medien, Unternehmensbroschüre usw.) einzuholen. Wichtig: Frage dich, was will der andere hören? Nenne hier nur positive Dinge über das Unternehmen – Kritik bzw. Verbesserungsvorschläge sind an dieser Stelle nicht angebracht.

Hast du bereits Praxiserfahrung gemacht?
Ferienjobs, Praktika, Mithilfe im elterlichen Betrieb, Betriebserkundungen usw. sind hier als praktischer Erfahrungsraum erwähnenswert.

Wo liegen deine Stärken (Schwächen)?
Sei ruhig selbstbewusst und berichte von deinen Stärken – beispielsweise, wo sich diese gezeigt und ausgezahlt haben. Bei den Schwächen solltest du darauf achten, dass es sich nicht um Eigenschaften handelt, die einer erfolgreichen Ausbildung bzw. Berufsausübung im Weg stehen könnten – beispielsweise Unpünktlichkeit, mangelnder Ordnungssinn usw.

Womit begründest du deine schlechten Noten im letzten Zeugnis?
Sofern es triftige Gründe gibt (z. B. über einen größeren Zeitraum krank gewesen), nenne diese, schiebe jedoch nicht die Schuld auf andere (z. B. Lehrer, Mitschüler). Wenn dir die Schule keinen Spaß mehr macht, du schulmüde bist und lieber etwas Praktisches lernen willst, kann dies notfalls auch als Begründung genannt werden.

Wie stellst du dir deinen weiteren beruflichen Lebensweg vor?
Zunächst sollte als Ziel genannt werden, die Ausbildung erfolgreich abzuschließen. Darüber hinaus kann man Ehrgeiz zeigen und die berufliche Weiterbildung als langfristiges Ziel nennen. Hier geht es um die Bereitschaft sich stetig weiterzuentwickeln und eigenverantwortlich zu arbeiten.

Bewerbertraining *Anlage 3d, Teil 3*

➪ **Was machst du in deiner Freizeit?**
Hobbys nennen („mit Freunden abhängen" wirkt hier nicht so vorteilhaft), Mitgliedschaft in Vereinen, insgesamt eine gewisse Aktivität zum Ausdruck bringen.

➪ **Informierst du dich über das aktuelle Geschehen?**
Zeitungen, Zeitschriften und Bücher lesen, Nachrichten im TV bzw. im Radio verfolgen.
Vorsicht: Nicht übertreiben – es kann passieren, dass du bei dieser Gelegenheit auch zu aktuellen Dingen gefragt wirst.

➪ **Wie heißt das letzte Buch, das du gelesen hast?**
Auch wenn man kein ausgesprochener Bücherwurm ist, sollte man hier auf jeden Fall den Titel und den Autor der letzten Lektüre noch im Kopf haben. Ein zu langes Überlegen wirkt nicht sonderlich konzentriert und (am Lesestoff) interessiert – warum hat man dann damit überhaupt seine Zeit „verschwendet"?

Tipp ...
Werden Fragen gestellt, von denen du absolut keine Ahnung hast, gib dies offen zu. Sag einfach: "Entschuldigung, das weiß ich leider nicht. Aber ich könnte ...soundso (hier mögliche Quelle nennen) ... herausfinden. Ich schlage das gern nach."

Tipp ...
Sprich immer in ganzen Sätzen. Achte auf den richtigen Satzbau.
Verwende eine angemessene Wortwahl. Antworte auf Fragen nie nur mit „ja" oder „nein".
Sprich mit einer gleichbleibenden Lautstärke und Geschwindigkeit – achte darauf, dass deine Stimme aufgrund von Nervosität oder Unsicherheit nicht leiser bzw. schneller wird.

Tipp ...
Trainiere deinen Text (also die Antworten auf mögliche Fragen) und deine Körpersprache vorher – vor dem Spiegel, mit einem Freund bzw. einer Freundin, deinen Eltern. Damit kannst du Sicherheit gewinnen, dein Selbstvertrauen stärken und Nervosität abbauen.

Gut zu wissen ...

Die ersten 180 Sekunden

... sind entscheidend! Innerhalb von diesen kurzen drei Minuten fällt man nämlich das erste Urteil über eine unbekannte Person – diese wird damit in eine Art Kiste gesteckt. Auch wenn es gemein ist – in dieser Zeit fällt der „Betrachter" (meist eher unbewusst) ein Urteil über sein Gegenüber und aus diesem Vorurteil – im wahrsten Sinne des Wortes - kommt man dann in der Regel nur schwer wieder heraus.
Deshalb ... ein normales Auftreten, Blickkontakt, ein paar freundliche Worte, begleitet von einem freundlichen Lächeln, Smalltalk, Natürlichkeit – das kommt am besten an. Unter dem Teppich hereinkriechen, schweißnass, Blick in den Boden gebohrt, stolpern, die Arme vor der Brust verschränken – all das macht sich weniger gut.

Kleidung

Gepflegtes Auftreten ist ein absolutes Muss! Man sollte sich bei einem Vorstellungsgespräch lieber „etwas" zu gut als „etwas" zu schlecht kleiden. Letztendlich bringt dies auch Respekt vor dem Gesprächspartner und dem Anlass zum Ausdruck.
Darüber hinaus ... sollte man sich „modische Highlights" für andere Anlässe aufheben. Die Micki-Maus-Krawatte oder die pinkfarbenen Lackpumps sind ebenso wenig bei einem Bewerbungsanlass angebracht wie der Smoking, der Mini-Mini-Mini-Rock, der Nerzmantel oder das neue Latexoberteil.

Höflichkeit

Es hat Fälle gegeben, da hat die Sekretärin ein NEIN durchgesetzt, nur weil der Bewerber sie im Vorfeld von oben herab bzw. unhöflich bzw. wie Luft behandelt hat. Meist werden jedoch gerade diese Stellen um den allgemeinen Eindruck zum Bewerber gebeten. Deshalb: Egal auf wen man trifft – immer freundlich lächeln und grüßen!

Bewerbertraining *Anlage 3f, Teil 2*

Punkte, an die man beim Bewerbungsgespräch unbedingt denken sollte:

+	−
• gepflegtes Äußeres	○ ungepflegtes Äußeres
• saubere Fingernägel	○ Freizeitbekleidung
• gekämmte Haare	○ niemanden direkt ansehen
• Blickkontakt halten	○ Arme stets ablehnend verschränkt
• Gestik und Mimik beim Sprechen	○ zu viel Parfüm/Rasierwasser
• kräftiger Händedruck	○ Extrem-Piercing
• öfter mal lächeln	○ „aufgedonnert“ bzw. überschminkt sein
• gerade Haltung	○ Dreitagebart
• entspannt sein	○ Mundgeruch (Knoblauch, Alkohol, ...)
	○ Turnschuhe
	○ übel über ehemalige Kollegen reden

Bewerbertraining *Anlage 3g, Teil 1*

Körpersprache

Jeder Mensch sendet körpersprachliche Informationen aus – ob nun bewusst oder unbewusst. Du wirkst auf die Leute, die dir in einem (Vorstellungs-)Gespräch gegenübersitzen, durch deine Stimme, Mimik, Gestik und Körperhaltung. Schon lange ist bekannt, dass die Körpersprache in einem Gespräch über Erfolg bzw. Nichterfolg entscheidet. Darum lohnt es sich, mehr über diesen Bereich der Kommunikation zu wissen. Nachfolgend findest du eine Auflistung mit Aspekten einer positiven Körpersprache, die auf Personalleute gut wirkt.

	Blickkontakt	Halte den Blickkontakt drei bis sechs Sekunden aufrecht und verwende dabei ein freundliches Lächeln. Wenn du die Hand gibst, du zum Gesprächspartner sprichst bzw. ihm zuhörst, solltest du gleichermaßen Blickkontakt halten.
	Hand geben	Eine durchschnittliche Druckstärke und normale Druckdauer wirken am sympathischsten. Ein zu kräftiger Händedruck kann für den anderen schmerzhaft sein – ein zu lasches Handgeben dagegen wirkt nach „Schlaffi“ und fühlt sich gummiartig an. Beim Händeschütteln lächeln und den Blickkontakt halten.
	Lächeln	Lächeln stimmt immer positiv, wirkt freundlich und aufgeschlossen. Man kommt beim Gesprächspartner damit einfach besser an.
	Sitzen	Setz dich erst hin, wenn dir dein Gesprächspartner einen Platz angeboten hat. Sitz dabei aufrecht und bequem. In einer zu lässigen Art Platz zu nehmen (z. B. Beine lang ausgestreckt) macht einen eher negativen Eindruck. Der „Arme-Sünder-Sitz“ (d. h. mit dem Po nur auf der vorderen Stuhlsitzfläche Platz nehmen) wirkt starr und gilt als Zeichen von Unsicherheit.

Bewerbertraining *Anlage 3g, Teil 2*

	Stehen	Als richtig bzw. angenehm empfundene Entfernung zum Gesprächspartner gelten ca. 50 bis 60 cm. Steht man zu nah, nimmt der andere das eventuell als Bedrohung wahr. Außerdem sollte man nicht stehen bleiben, wenn der andere Gesprächspartner sich setzt. Damit steht man über ihm und das kann als gleichermaßen störend erlebt werden.
	Gehen	Beweg dich langsam (im Sinne von ruhig), aufrecht und zielgerichtet. Schau dich nicht verlegen oder gar ängstlich um. Ansonsten wirkst du unsicher bzw. als ob du etwas zu verbergen hättest.

Überprüfe dich nun selbst

	RICHTIG	**BITTE VERMEIDEN!!!**
Sitzhaltung	Entspannte, aber nicht zusammengesunkene Sitzhaltung?	Nur auf der halben Stuhlfläche sitzen, Arme verschränkt?
Blickkontakt	Augen normal geöffnet, Blick gerade?	Augen panisch aufgerissen, Blick klebt an den Schuhspitzen oder wandert aufgeregt durch den Raum?
Mund	Entspannt, öfter mal ein Lächeln?	Gepresste Lippen, kein Lächeln, Mundwinkel nach unten gezogen oder Kaugummi kauend?

... Wichtiger Tipp zum Schluss ...

Sei nicht nur gegenüber deinem Bewerbungsgesprächpartner höflich und freundlich, sondern auch zu den anderen Personen, die du triffst. Oft wird die Meinung über einen Bewerber auch dadurch mitgeprägt, wie er sich außerhalb des Gesprächs verhält.

Bewerbertraining *Anlage 3 h, Teil 1*

Vorstellungsgespräch – Hilfen zum Entspannen

Ein wenig Nervosität ist gut und konstruktiv, denn es macht uns lebendig und reaktionsschnell. Jeder Mensch – vom abgebrühten Manager bis zum „frischen“ Azubi – entwickelt in bestimmten Situationen nervöse Züge.

Eine Portion Nervosität gehört natürlich auch zu einem Vorstellungsgespräch. Schließlich geht es ja um etwas Wichtiges. Zu große Nervosität allerdings lähmt und blockiert und das ist gerade in einer Vorstellungssituation äußerst unvorteilhaft.

Was kann man also tun, um die „flatternden Nerven“ im Zaun zu halten?
Hier ein paar Tipps:

A wie Allgemein:

- ⇨ sich seriös und langfristig auf das Gespräch vorbereiten (Firmeninfos, Fragenkatalog usw.)
- ⇨ die Adresse vorab (im Stadtplan) heraussuchen, ggf. vorher einmal vorbeifahren/-gehen und die Lage erkunden
- ⇨ genügend Zeit für den Hinweg einplanen
- ⇨ Tee- oder Kaffee-Trinken vorher vermeiden (Blutdruck)
- ⇨ sich durch inneres Zureden beruhigen (positives Denken: „Das Gespräch wird gut laufen – ich bin gut vorbereitet – ich kann das ...“)
- ⇨ sich von einer vertrauten Person beruhigen lassen und mit ihr den möglichen Gesprächsablauf noch einmal durchgehen
- ⇨ sein Aussehen vor dem Spiegel prüfen und sich damit positiv bestätigen

Bewerbertraining *Anlage 3 h, Teil 2*

B wie beruhigende Übungen:

Autogenes Training ist eine bewährte Art der Selbstentspannung, um vor einem wichtigen Gespräch gegen das „flaue Gefühl in der Magengegend" anzugehen und nicht in Panik zu verfallen.

Wiederholungen	**Konzentrationstext** **(... gedacht oder leise gesprochen ...)**
3- bis 4-mal	Ich bin ruhig und entspannt.
3- bis 4-mal	Ich konzentriere mich ganz auf meinen Körper. Alle Geräusche um mich herum rücken ganz weit weg. Gedanken, die in mir aufsteigen, versuche ich nicht festzuhalten; ich lasse sie vorbeiziehen wie Wolken am Himmel. Ich bin ganz ruhig und entspannt.
4- bis 5-mal	Meine Aufmerksamkeit wandert jetzt in meinen rechten Arm. Er ist ganz schwer und entspannt.
4- bis 5-mal	Ich konzentriere mich auf den linken Arm. Er ist ganz schwer und entspannt.
4- bis 5-mal	Meine Konzentration wandert herunter ins rechte Bein. Es ist ganz schwer und entspannt.
4- bis 5-mal	Ich konzentrierte mich auf das linke Bein. Es ist ganz schwer und entspannt.
5- bis 6-mal	Ich fühle mich ganz ruhig und entspannt. Ich höre auf meine ruhige und regelmäßige Atmung.
5- bis 6-mal	Mein Puls schlägt ruhig und regelmäßig. Ich fühle mich ruhig und entspannt.

Stellenanzeigen

Nachfolgend findet ihr insgesamt **XX** verschiedene Stellenausschreibungen für einen Ausbildungsplatz.

⇨ Wählt aus dieser Sammlung eine Anzeige aus, auf die ihr euch dann gezielt vorbereitet.

⇨ Gezielt heißt in diesem Zusammenhang: Ihr bezieht die in der Ausschreibung dargestellten Ausbildungsinhalte, die geforderten Fähigkeiten und das Firmenprofil aktiv in eure Vorbereitung ein.

Übersicht:

☒ ***Die entsprechende Wahl bitte mit einem Kreuz kennzeichnen!***

❑ FachinformatikerIn mit dem Schwerpunkt Systemintegration

❑ IT-Systemkauffrau/-mann

❑ Versicherungskauffrau/-mann

❑ Industriekauffrau/-mann

❑ MechatronikerIn

❑ Kaufmann/-frau im Groß- und Außenhandel

Wir sind ein internationales Unternehmen mit Geschäftsstellen bundesweit sowie Standorten in Europa, Amerika und Asien. Zum 01.08.2005 suchen wir einen Auszubildenden bzw. eine Auszubildende für den Beruf des

FACHINFORMATIKERS/
DER FACHINFORMATIKERIN

mit dem Schwerpunkt *Systemintegration.*

In der Ausbildung zum Fachinformatiker lernen Sie bei uns alles Wissenswerte über

- System-Engineering
- Programmierung und Applikationsmanagement
- IT-Systeme
- Anwendungs- und Kommunikationsdesign
- Datenbanken
- Programmiersprachen und Betriebssysteme

Dazu kommen betriebliche Prozesse, Markt- und Kundenorientierung, Produktmarketing. Mit einem solchen Background sind Sie breit qualifiziert. Entsprechend sind die weiteren Aussichten sehr groß: Einer Karriere im System-Engineering, in der Projektabteilung, der Organisations- oder Anwendungsberatung, der technischen Kundenbetreuung oder im Vertrieb steht nichts mehr im Wege.

Bei unserer Berufsausbildung erwartet Sie eine spannende, gut abgestimmte und blockweise organisierte Mischung aus Theorie und Praxis. Alle praktischen Erfahrungen sammeln Sie in unserem Headquarter in Bielefeld. Die theoretische Grundausbildung wird bei unserem Kooperationspartner *Siemens Berufsausbildung* in Paderborn durchgeführt. Wir wählen für Sie zahlreiche Themen aus echten Projekten und zeigen Schritt für Schritt auf, welche Aufgaben wie bewältigt werden müssen. Außer fachlichem Wissen lernen Sie auch noch Präsentationstechniken, wie Kommunikation funktioniert und wie Sie effizient im Team arbeiten können.

Die Ausbildungsdauer beträgt 3 Jahre.
Folgende Voraussetzungen sollten Sie mitbringen:

- Fachoberschulreife mit Qualifikationsvermerk
- erste Erfahrungen im Umgang mit dem PC
- ggf. Praktika in diesem Bereich
- hohe Lernbereitschaft
- Engagement und Einsatzbereitschaft
- Teamfähigkeit
- selbstständiges und zielorientiertes Arbeiten
- hohe Flexibilität

Bewerbungen bitte richten an:
Mega GmbH Deutschland
Human Resources: Agate Tramp / Arno Schmidt
Bahnhofstr. 12
33610 Bielefeld

Bitte diese Vorlagen von der CD-ROM ausdrucken.

Bewerbertraining Anlage 4

Fragenkatalog für den Interviewer

⇨ Die nachfolgenden Fragen stellen eine Sammlung häufiger Fragen dar, die in einem Bewerbungsgespräch gestellt werden.
Es ist selbstverständlich möglich, diesen Katalog zu variieren und zu ergänzen.

1. Warum bewerben Sie sich für diesen Ausbildungsberuf?
2. Welcher Beruf käme für Sie noch alternativ in Frage?
3. Was unternehmen Sie, wenn Sie diesen Ausbildungsplatz nicht bekommen?
4. Warum halten Sie sich für diesen Beruf geeignet?
5. Welche Vorstellungen haben Sie von diesem Beruf?
6. Warum haben Sie sich gerade bei unserer Firma beworben?
7. Bei welchem Unternehmen haben Sie sich noch beworben?
8. Haben Sie bereits Praktika in diesem Bereich absolviert?
   Welche Erfahrungen haben Sie gemacht?
9. Was ist Ihr Lieblingsfach in der Schule?
   Warum?
10. Was ist Ihr eher schwaches Fach?
    Warum?
11. Was machen Sie in Ihrer Freizeit?
12. Welche Hobbies haben Sie?
13. Wie sehen Ihre beruflichen Zukunftspläne aus?
14. Lesen Sie regelmäßig die Tageszeitung?
15. Welches Buch lesen Sie zurzeit? Wie hieß das letzte Buch, das Sie gelesen haben?
16. Was ist Ihre größte Schwäche?
17. Was würden Sie als Ihre größte Stärke bezeichnen?
18. Wenn Sie drei Wünsche frei hätten, welche wären das?
19. Stellen Sie sich Folgendes vor: Sie haben die ganze Woche Überstunden gemacht.
    Die neue Woche beginnt und wiederum wird von Ihnen Mehrarbeit gefordert.
    Wie reagieren Sie?
20. ...

Bewerbertraining *Anlage 3j*

Wer ist für was verantwortlich?

Euer Gruppenziel ist es, eine Person für das zum Ende hin stattfindende Vorstellungsgespräch „fit zu machen“. Wie jedes gute Training braucht auch dieses hier eine Struktur. Aus diesem Grund ist es wichtig, dass nicht jeder alles macht, sondern die Gruppenmitglieder ihre Expertenbereiche haben, mit denen sie sich exklusiv auseinandersetzen. Im Anschluss daran ist es ihre Aufgabe, dieses Thema den restlichen Gruppenmitgliedern vorzustellen und letztendlich den Bewerber/die Bewerberin auf das Gespräch optimal vorzubereiten.
Teilt die sechs Themengebiete auf und tragt die Zuständigkeiten in die Tabelle ein. Achtet auf die Zeit! Zum Ende der 4. Stunde muss ALLES vorbereitet sein.

Expertenthema		Name des Experten/ der Expertin
Vorstellungsgespräch: Ablauf – Stationen eines Gesprächs und deren Inhalte		
Fragen: Standardfragen und pfiffige Antworten		
Allgemeines: Gut zu wissen – Do’s und Don’ts		
Körpersprache: Der Schein ist das Sein		
Nervosität: Umgang mit der Nervosität vor dem Vorstellungsgespräch – Hilfen zur Entspannung		
Stellenanzeige: Die wichtigsten Infos (Aufgabengebiete, Fähigkeiten, Fertigkeiten, ...) zusammengefasst		

Checkliste

Punkte, an die man im **Vorfeld des Bewerbungsgesprächs** denken sollte.
Bitte Erledigtes abhaken: ☑

☐ ☐	Der **Termin** für das Gespräch ist (noch einmal) telefonisch bestätigt worden.	
☐ ☐	Der **Anfahrtsweg** ist bekannt und entsprechend geplant (Zeit, Verkehrsmittel usw.).	
☐ ☐	Die **Kleidung** für das Vorstellungsgespräch ist ausgesucht.	
☐ ☐	Die abgeschickten **Bewerbungsunterlagen** wurden vor dem Gespräch noch einmal durchgesehen, um das darin Geschriebene aktuell vor Augen zu haben.	
☐ ☐	Einige **Fragen** sind vorhanden bzw. aufgeschrieben, die während des Gesprächs gestellt werden können.	
☐ ☐	Eine Tasche mit **Notizblock** und **Schreibzeug** ist gepackt, damit während des Gesprächs etwas notiert werden kann.	
☐ ☐	Das **Einladungsschreiben** zum Vorstellungsgespräch ist dabei, damit notfalls noch einmal der Name des Ansprechpartners für das Gespräch nachgeschaut werden kann.	
☐ ☐	**Infos** zum Unternehmen – zum Beispiel Produktpalette, andere Firmensitze/Filialen, Unternehmensgröße, Mitarbeiterzahlen usw. – wurden vorab eingeholt und sind bekannt.	
☐ ☐	**Beweggründe**, warum man gerade in dieser Firma Azubi werden möchte, sind (im Kopf) formuliert.	
☐ ☐	Ausgeschlafen und **gut ausgeruht** in das Gespräch gehen.	

Kooperative Lernformen

Die im Folgenden beschriebenen kooperativen Lernformen sind verpflichtender Bestandteil unseres Curriculums Lernkompetenz. Sie sind im Sinne eines „learning by doing“ methodisch in die Bausteine integriert. Die vorliegende Sammlung erhebt in keiner Form Anspruch auf Vollständigkeit. Im Gegenteil, neben den hier vorgestellten Methoden gibt es viele weitere effektive und interessante kooperative Lernformen, die in diversen Publikationen zu dieser Thematik zu finden sind. Die hier dargestellten kooperativen Lernmethoden basieren in erster Linie auf Ideen von Johnson/Johnson und Kagan. Eine Reihe von Methoden sind vor allem durch Norm Green auf unterschiedlichsten Fortbildungsveranstaltungen vorgestellt und durch diesen auch in Deutschland im Kontext des Ansatzes des cooperative learning bekannt gemacht worden.

A-B-Methode

Was: Kombination aus EA-PA-GA; Besonders geeignet, um Schülerinnen und Schüler während und nach Vortragsphasen durch Lehrer (ggf. Schüler selbst) zu konzentrierter Aufnahme von Informationen zu führen.

Wie:
1. Lehrer weist darauf hin, dass Schüler während seiner folgenden Darbietung zuhören (und ggf. Notizen machen).
2. Darbietung/ Vortrag durch Lehrer.
3. S. erhalten das Arbeitsblatt und füllen es stichwortartig (Notizen) in EA aus.
4. PA: Darbietung der Ergebnisse zunächst nur von Frage 1 in Form aktiven Zuhörens: Schüler A erläutert Schüler B seine Erkenntnisse. Schüler B hört zu und gibt mit seinen eigenen Worten wieder, was er von Schüler A verstanden hat. A bestätigt oder korrigiert.

5. Wie 4, nur umgekehrt.
6. A und B erläutern sich gegenseitig, was sie jeweils nicht verstanden haben bzw. was ihnen unklar geblieben ist. Dabei versuchen sie miteinander die Antworten zu finden/Unklarheiten zu beseitigen. Fragen, die sie nicht gemeinsam lösen können, werden festgehalten. Dabei spricht A zu Frage 2, B hilft bei der Lösung der Fragen, danach umgekehrt.
7. Zwei bis drei Partnerpaare arbeiten nun zusammen. 1. Schritt: Ein Gruppenmitglied fasst zunächst die wichtigsten Ergebnisse/Erkenntnisse zusammen. Die anderen ergänzen bzw. korrigieren, wenn nötig. 2. Schritt: Die noch offenen Fragen werden gemeinsam geklärt/beantwortet. Nicht durch die Gruppe zu beantwortende Fragen werden für die folgende Plenumsrunde festgehalten.
8. Plenum: Die in den Gruppen noch nicht geklärten Fragen werden vorgetragen und vom Lehrer oder von anderen Gruppen beantwortet.

Vorteile:
- aktiver Umgang mit/bei frontalen Vortragsphasen;
- mehrfaches (und mehrkanaliges – durch Schreiben, Hören, Erzählen) Umwälzen komprimierter Inhalte;
- Notizen machen während eines Vortrags (Methodentraining);
- aktives Zuhören, präzises Erläutern von Sachverhalten, Versprachlichung von Notizen gemeinsames Lösen von Problemen (Kommunikationstraining);
- Verbesserungen/Ergänzungen durch die Mitschüler werden eher akzeptiert, als eine Korrektur durch den Lehrer.

Anwendung: Lehrervortrag; Referate durch Schüler; Gruppenpräsentationen, Erarbeitung von Filmsequenzen in allen Fächern

Variante: Auslassen von Schritt 6 und 7

A-B-Methode

1. Was ist dir durch den Vortrag bisher klar geworden?

2. Welche Aspekte sind noch nicht deutlich?
Folgende Fragen habe ich noch:

Ausstellung (engl. Exhibition)

Was: Form von Gruppenpräsentation bei arbeitsteiligen Gruppen.

Wie:
1. Die Klasse wird in Gruppen eingeteilt; die Gruppen sollten möglichst gleich groß sein. Nach der arbeitsteiligen Bearbeitung einer Aufgabe wird das Ergebnis dokumentiert (Grafik/Mind-Map/Thesen usw.) auf Tischen ausgelegt oder an die Klassenwand gehängt.
2. Die Gruppenmitglieder erhalten eine Nummer (z. B. 1–5) bei (z. B. 5 Tischen) nach Anzahl der Gruppen.
3. Alle Schüler mit Nummer 1 treffen sich an Tisch 1, alle mit der Nummer 2 treffen sich an Tisch 2, usw.
4. Auf jedem Tisch liegt ein anderes Gruppenprodukt. Der Schüler, der an der Erstellung des Produktes beteiligt war, erklärt dem Rest der neuen Gruppe das Ergebnis (wie, was, warum usw.). Die zuhörenden Schüler stellen Fragen bzw. machen sich Notizen.
5. Die Gruppen wechseln nach einer vom Lehrer vorgegebenen Zeit zum nächsten Tisch. Das neue Plakat auf dem Tisch wird nun von dem Gruppenmitglied erläutert, das an der Erstellung beteiligt war.
6. Der Rundgang endet dann, wenn allen Gruppen alle Plakate erklärt wurden und jeder einmal das Produkt seiner Gruppe erklärt hat. Hier kann eine gemeinsame Reflexion erfolgen, an welcher Station etwas besonders interessant/bereichernd/ergänzenswert war.
7. Zum Schluss kann eine Sicherung der wichtigsten Ergebnisse Erfolgen im Plenum erfolgen.

Vorteile:
- Jeder Schüler muss den Inhalt seiner Gruppenarbeit präsentieren, d. h., die individuelle Verantwortung für das Ergebnis der eigenen Gruppe wird gefördert
- hoher Grad an Identifikation mit der Gruppe bzw. dem Gruppenergebnis

Doppelstuhlkreis (und Identitätskarte)
(engl. dyadic belt formation and identity card)

*Drei Adjektive, die dich beschreiben		Drei Dinge, die du gut kannst
	Name	
Was ist dein Traumberuf? Warum?		Was sind die Voraussetzungen für diesen Beruf?

*Die Impulse sind exemplarisch und variieren nach Thema und Alter der Schüler

Was: zum Informations-/oder auch Meinungsaustausch mit nach dem Zufallsprinzip wechselnden Partnern

Wie:
1. Einzelarbeit (stichwortartiges Ausfüllen der Identitätskarte)
2. Doppelstuhlkreis: In der Klasse wird ein Stuhlkreis aus sich gegenüberstehenden Stühlen gebildet. Die Schüler sitzen sich paarweise gegenüber (Außenkreis und Innenkreis). Sie tauschen ihre Informationen gegenseitig aus.
3. Wechsel: Auf Zeichen des Lehrers rücken alle Schüler des Innenkreises z. B. um drei Stühle nach rechts weiter. Erneuter Austausch mit dem neuen Part-ner.
4. Nach einer vom Lehrer zu bestimmenden Zeit wechseln die Partner erneut, indem z.B nun der Außenkreis um zwei Stühle nach rechts rutscht. Erneuter Austausch. Diese Wechsel können mehrfach wiederholt werden. Tipp: aus Motivationsgründen max. 3–4 Wechsel.
5. Variante zu Schritt 4. Nach dem Wechsel notiert sich jeder Partner die Meinungen/Informationen seines Gegenübers.
6. Erneuter Wechsel: z. B. rücken alle Schüler des Außenkreises zwei Stühle nach rechts. Informationsaustausch: Dieses Mal werden die Informationen weitergegeben, die ich über meinen vorhergehenden Partner erhalten habe.

Variante: Innen- und Außenkreis erhalten unterschiedliche Teilinformationen zu einem Thema. In Einzelarbeit werden diese Informationen erarbeitet und stichwortartig notiert. In den verschiedenen Schritten des Doppelstuhlkreises tauschen die Schüler ihre Informationen aus und verifizieren ihr Verständnis.

Vorteile:
- alle sind beteiligt;
- Notizen machen; Notizen versprachlichen, ggf. vorab Texte lesen nach der 5-Gang-Lesetechnik (Methodentraining);
- aktives Zuhören, korrekte Wiedergabe von Informationen (Kommunikationstraining)

Galeriegang

Wann: Zur bzw. bei der Auseinandersetzung mit Fragen/Thesen zu einer bestimmten komplexen Thematik

Wie: DIN-A2-Bögen werden der Anzahl der teilnehmenden Gruppen entsprechend im Raum verteilt aufgehängt. Jeder Bogen und jede Gruppe erhält eine Nummer Auf jedem Bogen steht eine Frage, ein (provokatives) Statement, eine Karikatur usw.

1. Jede Gruppe steht vor „ihrem“ Bogen und hat einige Minuten Zeit, sich zum jeweiligen Impuls auszutauschen mit dem Ziel, eine kurze Antwort, einen Gedanken, eine Bildunterschrift usw. zu finden und mit einem Eddingstift zu notieren.
2. Auf Kommando wechselt jede Gruppe zum nächsten Poster, diskutiert den nächsten Impuls unter Einbeziehung der von der/den Vorgruppe/n notierten Ideen.
3. Am Ende steht jede Gruppe vor „ihrem“ Ausgangsposter. Die Gruppenmitglieder beziehen die ergänzenden Ideen in ihre Ursprungsdiskussion mit ein.
4. Zusammenfassende Vorstellung der jeweiligen Endergebnisse.

Vorteil: Intensive Auseinandersetzung mit unterschiedlichen Aspekten eines Themas

Graffiti-Methode (engl. Rotation)

Was: Form des Gruppen-Brainstormings

Wie:
1. Gruppeneinteilung, jede Gruppe steht an einem Tisch, auf dem je ein großer Bogen Papier ausliegt. Auf jedem Bogen steht eine Frage oder ein übergreifendes Thema.
2. Jedes Gruppenmitglied schreibt individuell seine eigenen Gedanken, ohne dabei auf die anderen zu achten.
3. Nach einer vorgegebenen Zeit wechseln die Gruppen zum nächsten Tisch und notieren dort ihre Ideen.

4. Wenn die Gruppe wieder an ihrem Ausgangstisch ankommt, ordnet sie die unterschiedlichen Ideen und präsentiert sie später in der Klasse.

Vorteil: Beteiligung aller Schüler; große Sammlung von unterschiedlichsten Ideen zu einem Thema; Übung, Ideen (für eine Präsentation) zu strukturieren

(Nach Graham Gibbs)

Gruppenpuzzle oder Expertenrunde

Was: Arbeitsteilige Gruppenarbeit mit anschließendem Austausch zur Erarbeitung neuer differenzierter Inhalte

Wie:
1. Klasse wird in gleichgroße Gruppen aufgeteilt, wobei die Menge der Gruppen der Anzahl der Gruppenmitglieder möglichst entsprechen sollte. Diese *Stammgruppen* (Gruppe A, Gruppe B, ...) erhalten unterschiedliche Teilaufgaben.
2. Zunächst bearbeiten die Schüler ihre Aufgabe in Einzelarbeit, um anschließend die wichtigsten Aspekte der Aufgabe noch einmal gemeinsam innerhalb ihrer themengleichen Stammgruppe zu diskutieren. Das Wichtigste wird von jedem Einzelnen festgehalten, um es später weitergeben zu können. Wichtig: Jedes Gruppenmitglied sollte zum Schluss über den gleichen Wissensstand verfügen.
3. In jeder Gruppe wird jedem Gruppenmitglied eine Zahl zugeordnet (A1 – A2 – A3 usw., B1 – B2 – B3 usw., C1 – C2 – C3)

4. Die Gruppenergebnisse der Stammgruppen werden nun untereinander ausgetauscht. Dafür werden neue Gruppen, sog. *Expertengruppen* gebildet.

A1 + B1 + C1 usw.; A2 + B2 + C2 usw.; A3 + B3 + C3 usw.

4. In den Expertengruppen stellen sich die Schüler die Ergebnisse der jeweiligen Stammgruppe gegenseitig vor. Jeder macht sich Notizen zu den Themen/Aufgaben der anderen Gruppen. Am Ende weiß jeder über alle Teilaufgaben Bescheid.
5. Rückkehr in die Stammgruppen. Gemeinsames gründliches Abgleichen und Zusammenfassung der Ergebnisse.

6 a. Auswertung der Ergebnisse in einem offenen Klassengespräch oder

6 b. Individueller Test für alle Schüler, der alle Expertenthemen umfasst.
Die Werte jedes Einzelnen in der Gruppe werden zu einem Gruppenwert zusammengefasst und offen dokumentiert. So wird der Erfolg der Zusammenarbeit für alle Schüler sichtbar.

Vorteil: Jeder Schüler ist sowohl in der Rolle des Lernenden als auch des Lehrenden. Prinzipien der *individuellen Verantwortung* für die Gruppe und die *Gruppenbelohnung* werden berücksichtigt.

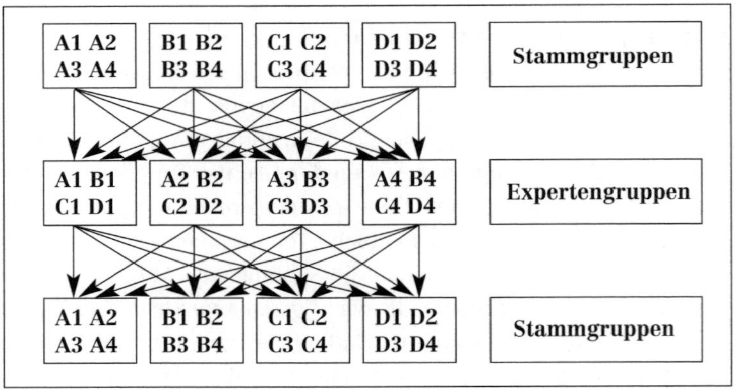

Gruppenrallye

Was: Methode vor allem zum Üben, Wiederholen, Einprägen von Inhalten

Wie:
1. Nachdem neue Inhalte im Plenum eingeführt oder wiederholt worden sind, wird die Klasse in Gruppen eingeteilt.
2. Die Inhalte werden nun in der Gruppe systematisch geübt. Die Aufgabe ist dann gelöst, wenn alle Schüler in der Gruppe die Aufgaben möglichst fehlerfrei beherrschen. Während dieses Prozesses unterstützen sich die Gruppenmitglieder durch Erklärung, Wiederholung usw.
3. Individuelle Leistungsüberprüfung ohne gegenseitige Hilfe. Die Werte jedes einzelnen in der Gruppe werden zu einem Gruppenwert zusammengefasst und offen dokumentiert. So wird der Erfolg der Zusammenarbeit für alle Schüler sichtbar.

Vorteil: Jeder Schüler ist sowohl in der Rolle des Lernenden als auch des Lehrenden. Prinzipien der individuellen Verantwortung für die Gruppe und die Gruppenbelohnung werden berücksichtigt.

Marktplatz (engl. whole class activity)

Was: Jeder Schüler bewegt sich frei im Klassenraum, um mit unterschiedlichen Schülern zu einem gestellten Problem zusammenzuarbeiten.

Wie:
1. Der Lehrer stellt eine Aufgabe/ein Problem und fordert die Schüler auf, sich in einer kurzen vorgegebenen Zeit mit einem anderen Schüler in der Klasse darüber auseinander zu setzen. Nach kurzer Zeit (z. B. auf Lehrerimpuls) sucht sich jeder einen neuen Partner. Je nach Aufgabentyp machen sich die Schüler dabei Notizen.
2. Auswertung der unter 1. gefundenen Erkenntnisse im Plenum, in Partnerarbeit oder in Gruppenarbeit

Vorteil: Alle Schüler sind beteiligt und werden zum Nachdenken/zur Auseinandersetzung mit den Lerninhalten veranlasst.

Partner-Check (einfach)

Wann: nach Lehrerimpuls; -fragen

Wie: gemeinsame Überlegung/Antwort mit dem Partner absprechen, bevor Schüler sich melden

Vorteile:
- Alle Schüler werden zum Nachdenken/zur Auseinandersetzung mit den Lerninhalten gezwungen
- gibt Sicherheit, bevor man sich meldet (und trägt zum Abbau von Ängsten bei)
- größere Aktivität im anschließenden Frontalunterricht
- schnell und flexibel einzusetzen
- Durchbrechen frontaler Unterrichtsphasen

Variante: Murmelgruppe

Wann: nach Lehrervortrag, Lektürearbeit, Stillarbeit, Film usw.

Wie: Lehrer fordert Schüler auf, sich mit ein bis zwei Mitschülern zusammenzusetzen und sich leise zu besprechen (= murmeln).
Was finde ich besonders wichtig? Was habe ich noch nicht ganz verstanden? usw.

Vorteil:
- wie bei Partner-Check
- schnell und flexibel bei jeder Sitzordnung einsetzbar an unterschiedlichsten Stellen im Unterricht

Numbered-Heads-Together

Was: Förderung des gemeinsamen Lernens in Gruppenarbeitsphasen durch die Einbindung des Zufallsprinzips für die anschließende Präsentation

Wie:
1. Lehrer gibt jedem in der Vierergruppe eine Zahl (1–4) oder die Schüler geben sich die Zahl selbst.
2. Lehrer stellt Frage, gibt Impuls, alle in Gruppe „stecken die Köpfe zusammen", tauschen sich aus, um sicherzustellen, dass jeder in der Gruppe die Antwort kennt.
3. Lehrer nennt eine Nummer und die Schüler mit dieser Nummer geben die Antwort.

Vorteile:
- alle sind beteiligt
- gegenseitiges Unterstützen, da jeder in der Gruppe am Ende vor dem Plenum berichten könnte
- alle müssen alles verstanden haben
- keiner kann sich aus dem Lernprozess heraushalten
- schnell, ohne großen Aufwand durchführbar

(Brainstorming mit) One stay, three stray

Was: Methode des Gruppen-Brainstorming

Material: Posterpapier, Post-Its (o. Ä.), Eddings

Wie:
1. Einteilung der Klasse in 4er-Gruppen (oder 5er-Gruppen)

2 a. Nach Erläuterung des Themas durch den Lehrer schreibt jedes Gruppenmitglied jeweils einen Gedanken auf ein Post-It und klebt es auf das Poster. Dabei wird nicht gesprochen und auch nicht auf die Post-Its der anderen Gruppenmitglieder geschaut.

2 b. Um den Gedankenfluss der Gruppenmitglieder untereinander zu intensiveren, werden nach einigen Minuten auf Hinweis der Lehrers die niedergeschriebenen Gedanken laut ausgesprochen und dann aufgeklebt. (write it – say it – put it on the paper). Wichtig: Es findet dabei kein Gespräch untereinander statt.

3. Strukturieren/Clustern: Nach Ende der Brainstormingphase ordnen und strukturieren die Gruppenmitglieder ihre Post-Its zu Clustern und versehen sie mit Überschriften.
4. In der Gruppe wird nach Zufallsprinzip bestimmt, wer die bisher gefundenen Ergebnisse den Mitgliedern der anderen Gruppen präsentiert. Der Präsentator bleibt am Platz, während die rest-

lichen Gruppenmitglieder „ausschwärmen“ und sich von den anderen Gruppen deren Ergebnisse erläutern lassen. Dabei dürfen sie Fragen stellen und auch neue Ideen „mitnehmen“.

5. Die Gruppen finden sich wieder an ihrem Platz ein und ergänzen/verändern ihre bisherigen Ergebnisse unter Einbeziehung der neu gefundenen Ideen.
6. Die Gruppen bereiten gemeinsam eine Präsentation der Ergebnisse vor (z. B. als Mind-Map, die nur Symbole beinhaltet; als Wandzeitung, Rollenspiel, „normale“ Mind-Map usw.)
7. Präsentation der Gruppenergebnisse (Hinweis: inhaltlich sind die Gruppenergebnisse recht ähnlich, denn es gab einen Austausch zwischen den Gruppen. Die Art der Präsentation kann jedoch sehr individuell und kreativ sein.)

Vorteile:
- Alle Schüler sind beteiligt;
- kein konkurrierendes Lernen, da man Ideen der „anderen“ mit in die eigene Ideensammlung und damit in die spätere Präsentation aufnehmen kann;
- intensive Übung freien Sprechens vor allem während der Strukturierungsphase, Argumentationstechniken (Kommunikationskompetenz);
- Notizen machen, Brainstorming, Strukturieren, Präsentationstechniken (Methodenkompetenz)

Placemat Activity

Was: individuelles Brainstorming mit anschließender Einigung/ Schwerpunktsetzung/Hierarchisierung der Ideen in der Gruppe

Wie: 1. Auf jedem Tisch liegt für eine Vierergruppe folgendes „Placemat“ (Tischunterlage) vor in Größe DIN-A2, ggf. auch DIN-A3.

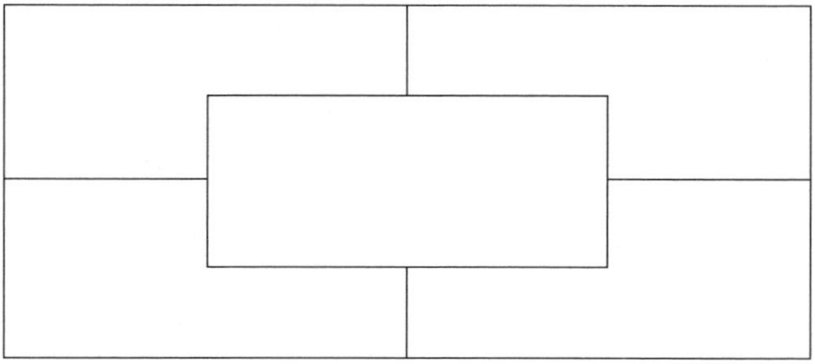

2. In Einzelarbeit trägt jeder in der Gruppe seine Ideen, Meinungen, Ergebnisse usw. in ein ihm zugeordnetes Feld ein (z. B. „Was sind die Merkmale einer guten Schule?“) Wichtig: Es wird in dieser Zeit nicht miteinander kommuniziert. Auch sollte nicht auf das Feld des Nachbarn geschaut werden. Tipp: Jeder schreibt nur mit Kugelschreiber.
3. Gruppenarbeit (z. B. der Älteste, der Jüngste, der Größte, derjenige, der als Erster im Jahr/als Nächster Geburtstag hat usw.) übernimmt die Gesprächsleitung.
   a) Jeder stellt reihum seine Ergebnisse vor. Rückfragen sind zugelassen, jedoch keine Diskussion/Bewertung, bevor nicht alle ihre Beiträge vorgestellt haben.
   b) Gemeinsame Diskussion, um zu einem Gruppenergebnis zu kommen. Das gemeinsame Ergebnis, z. B. die 5 wichtigsten Aspekte/Gründe/Ideen, wird im mittleren Feld (gut sichtbar, d. h. mit Edding-Stift) notiert.
4. Die Placemat wird an der Wand aufgehängt. Die Gruppensprecher stellen kurz das Ergebnis mit Begründung vor.
5. Ggf. Klassenergebnis aus allen Placemats herausarbeiten.

Vorteile:
- Alle werden zur Auseinandersetzung mit der Thematik aufgefordert;
- Kommunikationstraining (Argumente vortragen, Einwände geben, Zuhören usw.)
- Man erhält ein Meinungsbild (mit Schwerpunkten) aus der ganzen Klasse;
- Jeder kommt mit seiner Meinung/seinen Ideen zu Wort.

Variante: bei größeren Gruppen: Kreis zeichnen. Einteilung in 5–6 Teile

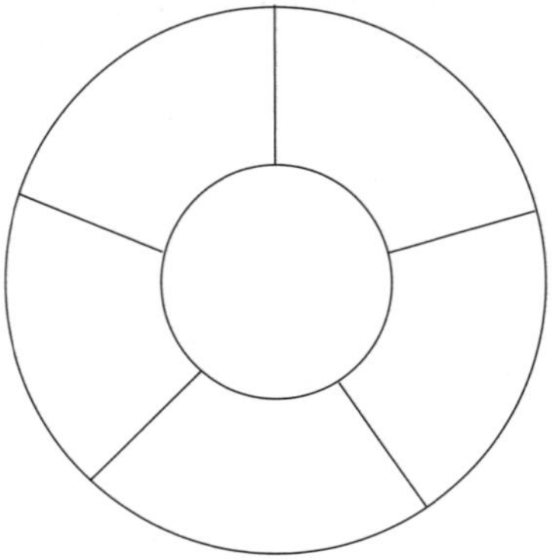

Think-Pair-Share

Wann: In allen Situationen, in denen Schüler einen komplexeren Beitrag leisten müssen

Wie:
1. Nach Lehrerimpuls denkt jeder Schüler zunächst einzeln über eine Lösung nach (macht sich ggf. Notizen dazu).
2. Paarbildung auf Lehrerhinweis; Diskussion/Vergleich der jeweiligen Antworten, (ggf. Ergänzung der eigenen Aufzeichnungen).
3. Zwei Paare bilden eine Vierergruppe; Besprechung der Gedanken in dieser Gruppe (ggf. erneute Vervollständigung der Notizen).

Vorteile: Beteiligung aller Schüler; breites Meinungsfeld; Förderung der Team- und Kommunikationskompetenz; schnelle und leichte Einsetzbarkeit im Unterricht; Aufbrechen des Frontalunterrichts

Verabredung (engl. appointment)

Was: gesteuerte Form von wechselnder Partnerarbeit

Wie:
1. Jeder Schüler fertigt einen Zettel mit 4 Uhrzeiten an (s. unten).
2. Für jede Uhrzeit sucht sich jeder Schüler einen Partner und trägt dessen Namen ein. Wichtig: Man kann sich mit jedem einmal nur verabreden. Tipp: Das Suchen der Partner sollte unter einem entsprechenden Zeitdruck geschehen, damit sich Schüler nicht ihre „Lieblingsmitschüler“ auswählen können.
3. Auftrag/ Impuls durch den Lehrer.
4. Auf Hinweis, mit welchem Partner man sich als erstes treffen soll. („Treffe dich mit deinem 10 Uhr Partner!“), geht jeder Schüler zu seiner ersten Verabredung und löst gemeinsam mit dieser Person die Aufgabe/das Problem, ggf. werden dabei Notizen gemacht.
5. Nach einer festgelegten Zeit (meist auf Impuls durch den Lehrer) wechseln die Partner und gehen zu ihrer nächsten Verabredung. Mit dem neuen Partner kann a) das gerade bearbeitete Thema oder die gelöste Aufgabe noch einmal verglichen/besprochen werden oder b) eine neue Aufgabe in Angriff genommen werden.
6. Dies erfolgt so lange, bis alle Verabredungen durchgeführt sind. Tipp: Um den Ablauf nicht absehbar und schematisch laufen zu lassen, ist es ratsam, die Uhrzeiten nicht in der Reihenfolge zu nennen.

Vorteil: Kooperatives Bearbeiten unterschiedlichster Aufgabenstellungen

6 Uhr	______________________
8 Uhr	______________________
10 Uhr	______________________
12 Uhr	______________________

Vier Ecken

Wann: Bearbeitung eines übergreifenden Themas unter vier verschiedenen Gesichtspunkten

Wie: Nach Benennung eines übergreifenden Themas werden vier thematische Unterpunkte bzw. Perspektiven desselben Themas genannt, die jeweils einer Ecke des Klassenraums zugeordnet werden und dort als Stichwort notiert und ausgehängt sind.

Wie:
1. Nach Erläuterung der vier unterschiedlichen Gesichtspunkte denkt jeder Schüler in Einzelarbeit über seine Präferenz nach und macht sich dazu Notizen.
2. Auf Lehrerimpuls hin ordnet sich jeder seiner „Lieblingsecke“ zu. Hinweis: die Gruppengrößen können hier sehr variieren.
3. In den jeweiligen Ecken erfolgt ein Austausch in den Gruppen darüber, warum man diese Variante gewählt hat. Ergänzung der Ergebnisse durch Austausch; gemeinsames Ergebnis wird vorgetragen.
4. Jeder muss sich auf Kommando einer anderen Ecke zuordnen - ggf. sogar der Variante, der er am wenigsten zustimmen würde (Perspektivenwechsel); erneuter Austausch
5. Vortrag der Ergebnisse und Reflexion darüber, ob sich die ursprüngliche Meinung/Präferenz durch den Perspektivenwechsel und den Austausch darüber verändert hat.

Vorteile:
- Integration komplexer Themen;
- Übung zur Entscheidungsfindung;
- Förderung alternativer Denkstrukturen durch Perspektivenwechsel;
- Förderung, eigene Standpunkte zu begründen

Trade-A-Problem (Ein Problem gemeinsam teilen und lösen)

Was: Beteiligung möglichst vieler Schüler an der Lösung eines oder mehrerer Probleme

Wie:
1. Einteilung der Klasse in mehrere Gruppen: Jede Gruppe formuliert eine Problemfrage zu einem zuvor ausgewählten Bereich und schreibt sie auf das Arbeitsblatt.
2. Das Arbeitsblatt wird im Uhrzeigersinn an die nächste Gruppe gereicht, die sich nun mit dem Problem auseinander setzt und nach entsprechenden Lösungen sucht. Die Lösungsmöglichkeiten werden auf dem AB notiert.
3. Das Blatt wird nun so lange in derselben Form und mit demselben Auftrag an die nächsten Gruppen weitergereicht, bis es wieder bei der Ursprungsgruppe angekommen ist.
4. Die Ursprungsgruppe diskutiert die Lösungsvorschläge und führt sie zu einer Gesamtlösung zusammen.
5. Die einzelnen Gruppen erläutern nun ihre gefundenen Lösungen und stellen sie dem Rest der Klasse zur Verfügung.

Problemstellung ______________________

Antwort Gr. 1	Antwort Gr. 2
______________ ______________	______________ ______________
Antwort Gr. 3	**Antwort Gr. 4**
______________ ______________	______________ ______________

Optimale Problemlösung ______________________

Vorteil: Nutzung der Stärken, Fähigkeiten und Ideen aller Schüler zur Erzielung eines guten bzw. optimalen Ergebnisses

Danksagung

Wir möchten allen Kolleginnen und Kollegen der Realschule Enger danken, die bei der Entwicklung des Curriculums mit vielen Ideen, zeitlichem Engagement und kritischen Anmerkungen mitgearbeitet haben:

Joachim Blombach
Silke Breidenbach-Hesse
Siegfried Bresler
Ralf Dornbusch
Christine Fricke
Kerstin Frintrop
Sonja Gerland-Péus
Peter Glaeske
Udo Grote
Susanne Heemeier
Annette Heuser
Anke Hippe-Schuster
Marita Holtkamp
Marion Holwas
Anke Husmann-Niemann
Tobias Kunze
Harald Müller
Hildegard Niehaus
Bernd Oberhokamp
Jörg Raabe
Susanne Rave
Ingrid Röckemann
Jeanne Sager
Bernd Saure
Annette Schöckenbäumer
Roswitha Schröder-Deter
Sabine Schulz
Marita Schwarma
Verena Speer-Ramlow
Gudula Stamm
Gerd Storck
Markus Tackenberg
Sven Theis
Elisabeth Voßmeier
Gisela Wibbing
Daniela Willms
Manuela Ziegler

Literatur

BIRKENBIHL, VERA: Stroh im Kopf, Gabal Verlag, Offenbach 1995
BLOMBACH, JOACHIM: Lernkompetenzen aufbauen, In: PÄDAGOGIK, Heft 5/2003
BOYLAN, BOB: Bring's auf den Punkt, MVG, 1988
BOY, J./DUDEK, C./KUSCHEL, S.: Projektmanagement, Gabal Verlag, Bremen 1997
BÖNSCH, MANFRED (HRSG.): Selbstgesteuertes Lernen in der Schule, Neuwied 2002
BRUNNER, REINHARD: Hörst du die Stille? – Meditative Übungen mit Kindern, Kösel, München 1991
BUCHNER, ALEXANDER: Handbuch der Musikinstrumente, 3. Auflage Dausien, 1995
BUZAN, TONY: Kopftraining: Anleitung zum kreativen Denken, München 1994
BUZAN, TONY/BUZAN, BARRY: Das Mind-Map-Buch, MVG-Verlag, Landsberg a. L. 1997
BUZAN, TONY/NORTH, VANDA: Mind Mapping: Der Weg zu ihrem persönlichen Erfolg, HPT Verlag, Wien 1997
BUZAN, TONY/NORTH, VANDA: Mind Mapping: Der Schlüssel für deinen Lernerfolg, HPT Verlag, Wien 1997

CHINERY, MICHAEL: Natur Enzyklopädie, RVG Verlagsgesellschaft, 1995
CZERWANSKI, ANNETTE/SOLZBACHER, CLAUDIA/VOLLSTÄDT, WITLOF (HRSG): Förderung von Lernkompetenz in der Schule – Band 1: Recherche und Empfehlungen, Gütersloh 2002
CZERWANSKI, ANNETTE/GRIESER, DORIS/ SOLZBACHER, CLAUDIA/VOLLSTÄDT, WITLOF (HRSG): Förderung von Lernkompetenz in der Schule – Band 2: Praxisbeispiele und Materialien, Gütersloh 2004

DECKER, FRANZ: Die neuen Methoden des Lernens und der Veränderung, AOL Verlag, Lichtenau 1996
DUDEN BAND 1: Die deutsche Rechtschreibung, 21. Auflage 1996
DUDEN BAND 4: Grammatik, 6. Auflage 1998
DUDEN BAND 5: Fremdwörterbuch, 6. Auflage 1997
DUDEN BAND 7: Das Herkunftswörterbuch, 2. Auflage 1997

ENDRES, WOLFGANG ET AL.: So macht Lernen Spaß, Beltz, Weinheim/Basel 1991
ENDRES, WOLFGANG ET AL.: Mündlich: gut – Die Lernmethodik zur mündlichen Mitarbeit, Beltz, Weinheim/Basel 1991
ENDRES, WOLFGANG ET AL.: Werstatt: Lernen, Beltz, Weinheim/Basel 1994
ENDRES, WOLFGANG: 99 Lerntipps, Beltz, Weinheim/Basel 1996

FRICK, RENÉ/MOISMANN: Lernen ist lernbar – Eine Anleitung zur Arbeits- und Lerntechnik, Sauerländer, Aarau (Schweiz) 1995
FRIEDRICH, SABINE/FRIEBEL, VOLKER: Entspannung für Kinder, Reinbek 1989

GELB, MICHAEL: Sich selbst präsentieren, Gabal Verlag, Bremen 1997

Goldmann Lexikon: 24 Bände, Bertelsmann Lexikon Verlag, Gütersloh 1998
Green, Norm/Heckt, D. H: Was ist Kooperatives Lernen? In: Grundschule, Heft 12/2000
Green, Norm: What the research says about cooperative learning: www.learn-line.nrw.de/angebote/greenline/lernen/downloads/research.pdf

Hanken, Caroline: Vom König geküsst, Berlin Verlag, Berlin 1997
Heitkämper, Peter (Hrsg.): Mehr Lust auf Schule – Ein Handbuch für innovativen und gehirngerechten Unterricht, Jungfermann, Paderborn 1995
Hertlein, Margit: Mind Mapping – Die kreative Arbeitstechnik, Rowohlt, Hamburg 1997
Heuermann, Alfons/Krützkamp, Marita: Selbst-, Methoden- Sozialkompetenz, Berlin 2003
Hilgemann/Kinder: dtv-Atlas Weltgeschichte Band 1 und 2, 32. Auflage 1998
Hofmann, Manfred: in: Leselust: Alle lieben Architekten, Lappan, Oldenburg 1999
Höfer, Christoph (Hrsg.): Unterrichtsentwicklung im Projekt „Schule & Co", Gütersloh 2002
Horster, Leonard/Rolff, Hans-Günter: Unterrichtsentwicklung – Grundlagen, Praxis, Steuerungsprozesse, Weinheim 2001

Johnson, David/Johnson Robert: Leading the cooperative school, Edina, Minnesota 1994

Kagan, Spencer: Cooperative learning recourses for teachers, San Juan Capistrano, CA 1999
Kasper, Horst: Kreative Schulpraxis – Vom Unterrichtsprojekt zum Schulprogramm, AOL-Verlag, Lichtenau 1995
Kirkhoff, Mogens: Mind Mapping, Gabal Verlag, Bremen 1992
Kline, Peter/Martel, Laurence: Die Schule spielend meistern, Jungfermann, Paderborn 1997
Kline, Peter: Das alltägliche Genie, Jungfermann, Paderborn 1997
Klippert, Heinz: Methodentraining, Beltz, Weinheim/Basel 1996
Klippert, Heinz: Kommunikationstraining, Beltz, Weinheim/Basel 1998
Klippert, Heinz: Teamentwicklung im Klassenraum, Beltz, Weinheim/Basel, 1998
Konnerts, Dirk/Sauer, Christiane: Klassenar5beiten erfolgreich bestehen, Kerle Verlag, Wien 1994
Konrad, Klaus/Traub, Silke: Selbstgesteuertes Lernen in Theorie und Praxis, München 1999
Konrad, Klaus/Traub, Silke: Kooperatives Lernen, Hohengehren 2001
Kowalczyk, Walter/Ottich, Klaus: Besser Lernen, Aol-Verlag, Lichtenau 1994
Kowalczyk, Walter/Ottich, Klaus: Erfolgreich in der Schule: Eltern helfen ihren Kindern, Lehrer fördern ihre Schüler, Reinbek 1997
Kowalczyk Walter/Ottich, Klaus: Schülern auf die Sprünge helfen, Rowohlt, Reinbek 1995

Leisering, Walter (Hrsg.): Putzger Historischer Weltatlas, 102. Auflage, Cornelsen, 1997

Maxlmoser, Wolfgang: Mind Mapping im Unterricht, hpt, Wien 1998
Moskowitz, Gertrude: Caring and sharing in the foreign language class, Cambridge, Massachusetts, 1978

Schmitt-Hartmann, Reinhard: Methodik, Neuer Spaß am Lernen für Schüler und Schülerinnen, Weinheim/Basel 1994

SVANTESSON, INGEMAR: Mindmapping und Gedächtnistraining, Gabal Verlag, Bremen 1993

TRÄNKLE, MICHAEL: Kondition – Ausdauertraining für Schüler/innen, Beltz, Weinheim/Basel 1994

TREFFPUNKTE 6 LESEBUCH: Schroedel Schulbuchverlag, 1992

VESTER, FREDERIC: Denken, Lernen, Vergessen, dtv, München 1987

WEIDNER, MARGIT: Kooperatives Lernen im Unterricht, Seelze-Velber 2003

WILL, HERMANN: Mini Handbuch Vortrag und Präsentation, Beltz, Weinheim/Basel 1994

ZEITSCHRIFT „PÄDAGOGIK": Lernen lernen (Themenheft), 50. Jahrgang, Heft 3/1998

ZEITSCHRIFT „PRAXIS SCHULE 5–10" In Gruppen lernen (Themenheft), Heft 6, Dezember 2002

Datenträger / CD-Rom

Microsoft: Encarta 2000

Klett Rechtschreibung 7. und 8. Schuljahr: Klett Verlag

Bertelsmann: Lexikon Geschichte, Bertelsmann Electronic Edition, Gütersloh 1997

MindManager: MindJET, LLC

Lösung für Anlage 5 – Argumentation III:

1. Ludwig-Holger Pfahls, ehemaliger Staatssekretär, Verdacht der Steuerhinterziehung und Bestechlichkeit
2. Kay-Uwe Nehm, Generalbundesanwalt
3. Markus Wolf, ehemaliger Top-Spion der DDR
4. Reinhard Nemetz, Oberstaatsanwalt